Artes da Comunidade para os Propósitos de Deus

Artes da Comunidade para os Propósitos de Deus

Como Criar Artes Locais Juntos

Brian Schrag e Julisa Rowe

WILLIAM CAREY PUBLISHING

Available at missionbooks.org

Artes da Comunidade para os Propósitos de Deus: Como Criar Artes Locais Juntos

Copyright © 2021 by GEN (Global Ethnodoxology Network)

Todos os direitos reservados. Nenhuma parte deste livro pode ser reproduzida, armazenada em sistemas de recuperação de dados ou transmitida através de nenhum formato ou de nenhum meio – eletrônico, mecânico, fotocópia, gravação e outros – sem antes ter a permissão escrita do editor, exceto por breves citações usadas em resenhas, revistas ou jornais.

Todas as citações das Escrituras foram extraídas da Nova Versão Internacional (NVI), © 2001, publicada por Editora Vida, salvo indicação em contrário. Para solicitar permissão, escreva para permissions@wclbooks.com.

Publicado por William Carey Publishing
10 W. Dry Creek Cir
Littleton, CO 80120 | www.missionbooks.org

William Carey Publishing é um ministério da Frontier Ventures
Pasadena, CA 91104 | www.frontierventures.org

Publicado com permissão do Global Ethnodoxology Network (Rede Global de Etnodoxologia)
1369 Green Hills Court
Duncanville, Texas 75137

Editor de simplificação: Julie Johnson
Tradutores: Helen Cutler, Elcio Portugal e Héber Negrão
Revisora: Jaqueline Pinheiro
Pintura da arte da capa: Kristin van Lieshout
Design da capa e miolo: Mike Riester

ISBNs: 978-1-64508-362-7 (paperback)
       978-1-64508-364-1 (mobi)
       978-1-64508-365-8 (epub)
       978-1-64508-180-7 (English paperback)

Impresso em todo o mundo

25 24 23 22 21   1 2 3 4 5   IN

Dados da Biblioteca do Congresso em arquivo com a editora.

CONTEÚDO

Prefácio 7
Prepare-se 11

USANDO O MÉTODO CRIAÇÃO CONJUNTA DE ARTES LOCAIS

Criação Conjunta de Artes Locais (CCAL): Resumo
Passo 1: Conhecer a Comunidade e Suas Artes 37
Passo 2: Escolher Alvos do Reino 43
Passo 3: Conectar os Gêneros com os Alvos 51
Passo 4: Analisar Gêneros e Eventos 55
Passo 5: Despertar a Criatividade 77
Passo 6: Aperfeiçoar os Resultados 85
Passo 7: Celebrar e Integrar para a Continuidade 87

ANEXO

Resumo de Decisão 89
Criação Conjunta de Artes Locais (CCAL): Resumo 90
Perfil de Artes da Comunidade (PAC) 92

FIGURAS

Fig 1. Contextualização cuidadosa 14
Fig 2. Criação Conjunta de Artes Locais 24
Fig 3. Atividades Simples para o Envolvimento com Artes 32
Fig 4. Criação Conjunta de Artes Locais (CCAL): Resumo 35
Fig 5. Estudando a Comunidade: Perguntas de Orientação 38
Fig 6. Como Reconhecer Atos de Comunicação Artística 40
Fig 7. Tabela de Comparação de Gênero Mono (RD Congo) 41
Fig 8. Visão simplificada de como conectar os Gêneros com os Alvos 52
Fig 9. Conselhos Básicos para Gravação de Áudio e Vídeo 56
Fig 10. Requisitos para um evento artístico adequado para pesquisa 57
Fig 11. Categorias de Características da Execução 63
Fig 12. Tópicos Para Escrever Ao Elaborar Uma Atividade De Estímulo 84
Fig 13. Proposta Para Uma Avaliação Eficaz 86

PREFÁCIO

Este manual introduz muitos conceitos que são novos para muitas pessoas, tais como as "Ideias Principais" listadas aqui. O resto do manual vai desenvolver mais estas ideias.

Ideias Principais

A Criatividade Artística consiste num sistema de diversos componentes interligados: conhecimento, habilidades, recursos físicos, padrões sociais e pessoas que desenvolvem vários papéis.

Os sistemas de criatividade são difíceis de descrever por completo. Em qualquer comunidade há poucas pessoas aptas a descrever adequadamente os próprios sistemas criativos da comunidade. Este manual ajuda a revelar a dinâmica e os detalhes desses sistemas.

Nenhuma forma artística comunica a mensagem desejada de maneira universal.

Muitas vezes se diz que "a música é uma linguagem universal". Normalmente as pessoas concordam com esta afirmação. Esse pensamento ocorre porque se acredita que a música se comunica da mesma maneira em todas as culturas. Este dito vem do poeta americano Henry Wadsworth Longfellow. Ele diz: "[A música] é a língua universal da humanidade – a poesia o seu passatempo e prazer universal". Contudo, o que ele está celebrando é a variedade musical existente nas canções italianas, suíças, escocesas, inglesas e espanholas. Ele não quer dizer que a música seja igual em todas as culturas.

Os exemplos neste manual (assim como no *Creating Local Arts Together: A Manual to Help Communities Reach Their Kingdom Goals*, a versão completa deste manual em inglês) apoiam a ideia de que a música, bem como outras artes, existe universalmente. Porém, todos os tipos de comunicação artística tomam formas e significados que são particulares à comunidade onde se encontram. As artes são, portanto, fenômenos universais.

A criatividade local possui benefícios essenciais que a criatividade de fora não proporciona.

Os benefícios da criatividade local incluem uma comunicação mais profunda, relevante, memorável e envolvente para as áreas de educação e motivação.

Todas as comunidades podem se beneficiar de uma maior criatividade local.

Toda comunidade precisa de uma maior criatividade local. Os grupos etnolinguísticos minoritários cujas artes estão estagnadas ou morrendo necessitam urgentemente desenvolver sua criatividade local.

Tipos específicos de criatividade podem ajudar as comunidades a alcançarem os seus alvos.

Este manual de campo descreve um método de sete passos, chamado Criação Conjunta de Artes Locais (CCAL). O método também é conhecido pelo termo "Cocriação". As comunidades que seguiram estes passos tiveram um bom resultado.

A pessoa que promove as artes e implementa este método de sete passos pode exercer uma influência positiva na criatividade local.

Esse indivíduo, chamado de promotor de artes, pode ser um membro da comunidade, alguém de fora, ou um indivíduo que esteja familiarizado com as duas identidades.

A principal responsabilidade do promotor de artes é incentivar os outros a fazerem novas criações artísticas.

A sua postura diante da comunidade é aquela que expressa desejo de aprender, dialogar, ajudar e encorajar.

Primeiro aprenda sobre os gêneros artísticos da comunidade.

O princípio fundamental de tudo o que se ensina neste manual é compreender bem as artes que a comunidade usa e com as quais ela se identifica. Portanto, a primeira tarefa da comunidade é fazer uma lista dos gêneros artísticos locais ("Olhar Inicial nas Artes da Comunidade", Passo 1). No Passo 4, você notará como as áreas artísticas ocidentais de música, dança, drama e artes orais, bem como as artes visuais se relacionam com os gêneros locais. Porém, começar a partir dos gêneros da comunidade é mais fácil do que começar com as categorias ocidentais. Portanto, comece com as classificações locais.

A Missão da Igreja é mais bem compreendida se relacionada com os seguintes antecedentes: A Criação do mundo, A queda do homem, A inauguração do Reino dos Céus por Jesus e a Restauração de todas as coisas nos Novos Céus e na Nova Terra.

Um grupo de cristãos não deve se contentar apenas em desenvolver as artes que têm sido produzidas pela sua história particular. Pelo contrário, devemos também estar conscientes da maneira como Deus usa as artes. Precisamos estar conscientes do propósito de Deus para as artes tanto no restante da criação como no Céu.

Quem Deve Usar a Metodologia deste Manual?

Originalmente, concebemos este manual como ferramenta para cristãos que trabalham profissionalmente em contextos transculturais. Isso pode incluir

Prefácio

missionários e indivíduos que trabalham com organizações humanitárias internacionais, entre outros. Porém, o método introduzido aqui pode ser aplicado em muitos contextos que não são necessariamente transculturais. Um líder de louvor de uma igreja local disse: "Preciso fazer isso. Preciso primeiro conhecer minha congregação. Só então poderei incentivar diferentes artistas a criarem elementos e eventos artísticos para os propósitos de Deus".

O que ele disse faz todo sentido. Cada ser humano representa experiências, ideias, conexões neurológicas, qualidades físicas, emoções e outras características únicas que nenhuma outra pessoa conhece por completo. Se ele quiser se envolver com pessoas de outra língua, cosmovisão, região geográfica, dieta, e padrões sociais, ele terá que fazer um esforço considerável e utilizar muitas habilidades. Para auxiliar no alcance deste objetivo, nós fornecemos um sólido método de pesquisa, bem como outras atividades complementares.

Também é possível aplicar este método com pessoas próximas a você, como amigos íntimos ou cônjuge. Mais do que isso, você pode seguir o método CCAL para aprender algo novo a respeito dos seus próprios dons artísticos e alvos de vida. Pode-se criar algo artístico para melhorar o seu próprio futuro. Embora tenhamos usado principalmente exemplos de pessoas que trabalham em contextos transculturais, isso não deve impedir o leitor de achar outras aplicações.

História e Reconhecimentos

Demos a este livro o título "Artes da Comunidade para os Propósitos de Deus: Como Criar Artes Locais Juntos". Para criá-lo, nos baseamos nestes dois livros: *Worship and Mission for the Global Church: An Ethnodoxology Handbook* (mencionado nesta obra como "Coletânea de Etnodoxologia"), e *Creating Local Arts Together: A Manual to Help Communities Reach Their Kingdom Goals* (William Carey Publishing, 2013), a versão completa deste manual.

A versão que você tem em mãos, portanto, é apenas um resumo do segundo volume, de onde retiramos apenas os pontos fundamentais para a apresentação deste método. Muitas pessoas contribuíram com seus dons para estes dois volumes. O Manual CCAL coloca estas coleções de sabedoria à disposição de um grupo maior, enfatizando as ideias principais e ferramentas mais práticas.

Este Manual é fruto de ideias e eventos que atravessaram séculos de experiência. Ele é voltado para uma melhor compreensão do presente e dirigido pela visão de um futuro melhor: o Reino dos Céus. Os colaboradores utilizaram conhecimento de diversas disciplinas acadêmicas, tais como etnomusicologia, estudo de práticas culturais, estudos dos processos criativos, antropologia, estudos bíblicos e missiologia. Exemplos de contribuições artísticas de dois mil anos de história da igreja também nos inspiraram e guiaram. Mais recentemente, devemos a maior parte do nosso método àqueles que foram pioneiros no uso da etnomusicologia em contexto cristão, como os doutores Vida Chenoweth, Roberta King, e Tom Avery. Por último, este manual não teria sido possível sem a energia e as conexões que Robin Harris e a Rede Global de Etnodoxologia (GEN) têm fornecido.

O Manual CCAL é uma obra imperfeita que continuará a madurecer. Dará vida a novas obras com formas distintas em lugares diferentes. Nós nos responsabilizamos pela sua forma e conteúdo atuais. Também somos responsáveis pelos erros e omissões. No entanto, este manual é seu agora. Você pode pegá-lo, mexer com ele, acrescentar ou descartar partes dele. Agora é você que tem a responsabilidade de usá-lo. Que ele seja um auxílio na criação de grandiosas obras de arte aqui na terra que você também reconhecerá no Céu.

Brian Schrag e Julisa Rowe, 2015

Notas da versão

Desde 2017 este Manual CCAL Abreviado vem recebendo alterações em alguns nomes do processo CCAL. Fizemos essas mudanças após usar este material por alguns anos no curso Artes Para o Reino. Os novos termos tornam todo o processo mais claro, além de facilitar o ensino. Segue abaixo uma comparação entre o vocabulário original e o novo:

Passo	Original (2013)	Revisado (2020)
1	Conheça a Comunidade e Suas Artes	Conheça a Comunidade e Suas Artes
2	Especificar Alvos do Reino	Escolher Alvos do Reino
3	Selecionar Efeitos, Gêneros, Conteúdos e Eventos	Conectar os Gêneros com os Alvos
4	Analisar um Evento Contendo o Gênero Selecionado	Analisar Gêneros e Eventos
5	Despertar a Criatividade	Despertar a Criatividade
6	Aperfeiçoar Obras Novas	Aperfeiçoar os Resultados
7	Integrar e Celebrar para a Continuidade	Celebrar e Integrar para a Continuidade

PREPARE-SE

Todas as Artes
de Todo o Mundo
para Todos os Propósitos de Deus

REALIDADE: Os povos se comunicam em mais de sete mil idiomas pelo mundo inteiro. Transmitem ideias usando a palavra falada. Também se comunicam artisticamente através de canções, drama, danças, artes visuais, história e por outros meios.

REALIDADE: O relacionamento entre todos os povos e Deus é imperfeito. Todas as pessoas do mundo lutam contra injustiça social, violência, enfermidades, raiva, imoralidade sexual, ansiedade e medo.

REALIDADE: Deus deu dons especiais a cada cultura para comunicar através das artes com o propósito de transmitir a Verdade e, assim, trazer cura, esperança e alegria como resposta a estes problemas. Muitos destes dons, porém, são desprezados, são mal-usados ou estão morrendo.

O propósito deste manual é guiá-lo para desenvolver uma nova realidade. Uma realidade em que todas as culturas utilizam todos os seus dons para adorarem, obedecerem e se alegrarem em Deus com todo o coração, toda a sua alma, toda a sua mente e todas as suas forças (Marcos 12.30). Em outras palavras, este manual o ajudará a trabalhar com músicos, dançarinos, atores, pintores, escultores, contadores de histórias e outros artistas locais. Você vai aprender a trabalhar com eles para incentivá-los na criação de novas canções, danças, dramas, pinturas, esculturas e histórias. Esses gêneros ajudarão os artistas a apresentarem o Reino de Deus para as suas comunidades.

Neste manual, organizamos as nossas atividades relacionadas às artes de acordo com a facilidade que elas têm de nos aproximar do Reino de Deus. O que é este reino? Jesus ensinou os seus seguidores a orarem para que o reino de Deus venha à terra (Mateus 6:10). Ele descreveu este Reino como sendo centralizado em si mesmo e na sua mensagem (Marcos 1:15). Jesus disse que o reino de Deus cresce, mas ninguém pode explicar como isso acontece (Marcos 4). Os valores do Reino de Deus são diferentes dos valores humanos (Marcos 10; 12; Lucas 6). A cura e a batalha espiritual acompanham este Reino (Lucas 9; 11). Aqui na terra, o Reino de Deus reflete a realidade do céu e é nosso dever ajudar a difundir este Reino no mundo.

Uma característica básica do Reino de Deus é que, no momento, ele existe apenas de maneira parcial aqui na terra, ainda não foi completamente instaurado. Cada comunidade tem alguns aspectos que refletem mais o reino de Deus e outros aspectos que refletem menos. Nenhuma cultura humana expressa completamente o reino de Deus, mas porque Deus criou o ser humano à sua imagem, há vislumbres do seu reino por toda a parte.

Quais são as características de uma comunidade que é profundamente moldada pelos valores e poder espiritual do reino de Deus? Ela dispõe de um corpo crescente de seguidores de Cristo que adoram a Deus em espírito e em verdade. Seus membros se tornam cada vez mais saudáveis espiritualmente, socialmente e fisicamente. Os membros mais velhos transmitem para os mais jovens os aspectos da sua cultura que refletem a Deus. Todos têm acesso a uma boa tradução das Escrituras na língua que entendem melhor, de modo que possam lembrar e aplicar as Escrituras às suas vidas. A comunidade toda é caracterizada pela justiça, honestidade, saúde e alegria e seus membros amam e cuidam dos marginalizados.

 Compartilhe e discuta exemplos vistos que demonstrem aspectos do céu na terra.

As formas de comunicação artísticas locais são recursos disponíveis poderosos para trabalharmos os valores do Reino. A expressão artística local faz parte da cultura, por isso ela atinge muitos aspectos importantes da sociedade e identifica mensagens importantes, destacando-as das atividades normais do dia a dia. A expressão artística local afeta as pessoas intelectualmente e também as concede uma experiência emocional. Ela ajuda as pessoas a lembrarem das coisas que ouviram, aumentando o impacto da mensagem através de vários meios de comunicação, que geralmente incluem o corpo todo. Esta arte possibilita a interação entre os artistas e os espectadores. A comunicação artística local fornece estruturas que são aceitáveis socialmente para expressar ideias novas ou difíceis, inspirar as pessoas e as incentivar à ação. Ela atua como um forte agente de identidade e cria espaço para as pessoas poderem imaginar e sonhar. Porém, o mais importante é que a comunicação artística local realmente existe e é propriedade da comunidade local. Por isso não há necessidade de tradução de materiais estrangeiros. Os próprios artistas locais são capazes de contribuir à expansão do reino de Deus.

 Buscar e discutir exemplos que você já tenha encontrado que demonstrem o potencial da comunicação artística.

Nosso método ajudará você e a sua comunidade a trabalharem juntos. Ele ajudará vocês a decidirem quais são as características do Reino de Deus – que vamos chamar aqui de Alvos do Reino – que a comunidade quer desenvolver. O Manual vai mostrar como procurar gêneros artísticos locais para alcançar os alvos do reino escolhidos pela comunidade. Ele vai sugerir atividades, dando-lhe ideias para estimular a criatividade nos gêneros locais e como você pode participar delas. Esta cooperação deverá ajudar as comunidades a utilizarem suas próprias artes para novos propósitos com o objetivo de que elas continuem este processo no futuro.

Nosso Modelo: As Três Fases da Vida de Jesus

Paulo descreveu o ministério de Jesus na Terra da seguinte forma:

> *Humildemente considerem os outros superiores a si mesmos. Cada um cuide, não somente dos seus interesses, mas também dos interesses dos outros.*
>
> *Seja a atitude de vocês a mesma de Cristo Jesus,*
>
> *Que, embora sendo Deus, não considerou que o ser igual a Deus era algo a que devia apegar-se,*
>
> *Mas esvaziou-se a si mesmo, vindo a ser servo, tornando-se semelhante aos homens.*
>
> *E, sendo encontrado em forma humana,*
>
>> *humilhou-se a si mesmo*
>>
>> *e foi obediente até à morte, e morte de cruz!*
>
> Filipenses, 2.3b–8, NVI

Três partes da encarnação de Jesus demonstram como se deve fazer missão:

1. Estar Com. Jesus deixou a sua própria "cultura", sua convivência com Deus o Pai e se juntou à humanidade na Palestina (Terra). Nossa primeira tarefa na missão de Deus é viver com o povo em comunidade e desenvolver relacionamentos.

2. Aprender com. Jesus aprendeu com os seres humanos em sua comunidade na Palestina por quase 30 anos antes de iniciar o seu ministério. Nossa segunda interação como promotores de artes é conhecer tanto as artes da comunidade como os seus alvos a partir do próprio povo. Nós lhes demonstramos amor quando aprendemos com eles. Este processo pode ocorrer por um longo período.

3. Trabalhar Para. Somente após ter convivido com os seres humanos e ter aprendido com eles por três décadas é que Jesus anunciou e cumpriu o seu propósito publicamente (Mateus 4:23). Ele trabalhou lado a lado com seus discípulos para alcançar os alvos do seu Reino. Nossa terceira atividade missional, após ter convivido e aprendido com o povo, é de *trabalhar para* alcançar alvos do Reino junto com eles. Como promotores de artes fazemos isso explorando as possíveis artes junto com nossos amigos e colegas da comunidade para que ela, ao se parecer mais com o Reino de Deus, possa cumprir os alvos do Reino.

Quando o seu trabalho se tornar complexo, lembre-se destas três atividades básicas.

Todos?

O título deste capítulo usa a palavra "todos" três vezes. O que é que queremos dizer com isso? A expressão "todas as artes" não significa que Deus queira usar em Seu Reino todas as formas artísticas em seu estado natural. Pelo contrário, significa que queremos nos aproximar de cada forma artística sem julgar o seu valor ou a sua utilidade para o reino de Deus. Apenas Deus pode fazer esse julgamento. Todas as comunidades e as suas

Artes da Comunidade para os Propósitos de Deus

artes foram manchadas pelo pecado, mas Deus pode redimir todas as coisas. O processo de incorporar as artes no reino requer uma recriação. (Veja a Figura 1 para compreender o processo de avaliação que optamos por usar, também chamado de "contextualização cuidadosa"[1])

Por exemplo, nem todas as artes de uma determinada comunidade são igualmente apropriadas para alcançar os alvos do Reino em um dado momento. Uma certa dança talvez tenha fortes ligações com atividades imorais ou idólatras. Os cristãos de uma comunidade, com maturidade e sabedoria espiritual, podem considerar que o uso dela pode levar os novos crentes em Cristo de volta para suas vidas antigas. Cremos que no futuro Deus vai redimir tudo para si mesmo (veja Mateus 19.28). No entanto, hoje a direção do Espírito Santo e o discernimento dos cristãos locais podem orientar as decisões sobre formas artísticas específicas. Não devemos forçar mudanças no reino.

A expressão "de todas as coisas" se refere às milhares e milhares de maneiras em que as pessoas se comunicam artisticamente. Somos seres humanos limitados. Não é natural nós reconhecermos novas formas artísticas, especialmente formas artísticas de culturas estrangeiras. Um dos alvos deste manual é ampliar a nossa visão para que vejamos todas as variedades de recursos possíveis. Queremos ver as artes como Deus as vê.

A frase "para Todos os propósitos de Deus" nos ajuda a lembrar de que Deus não restringe o Seu uso das artes às nossas categorias. Nas Escrituras encontramos muitos contextos de comunicação artística: adoração congregacional, instrução, guerra, celebração, ritual, correção, crescimento individual, cura, confissão, recordação, e muitos outros. Este guia nos ajuda a pensar muito além dos usos comuns que nós damos às artes na liturgia.

> ### Contextualização Cuidadosa
>
> Quando as Escrituras são aplicadas a uma forma artística em particular dentro do seu contexto cultural, é imprescindível buscar sabedoria vinda do Espírito Santo. Os seguintes passos podem nos ajudar a fazer uma abordagem sábia, baseada em muita experiência e oração.
>
> **1. Colete informação** através de comunicação com o povo local sobre as formas e os seus significados atuais
>
> **2. Estude ensinos bíblicos** e princípios relacionados às formas artísticas considerando-as em conjunto com o povo local
>
> **3. Avalie** junto com o povo os significados das formas artísticas locais à luz dos ensinos bíblicos relacionados com os mesmos
>
> **4. Estimule o povo,** baseado no que eles aprenderam do processo, a tomar suas próprias decisões quer seja de aceitar, rejeitar, ou alterar as formas para criar uma prática contextualizada apropriada.

Figura 1: Contextualização Cuidadosa[2]

---

[1] Originalmente conhecido como 'contextualização crítica', esboçado no livro de Paul G. Hiebert, *O Evangelho e a Diversidade das Culturas*. Edições Vida Nova. São Paulo, 1999. pp. 171-192.

[2] Ibid

O que são Artes?

Neste guia tratamos as artes como meios especiais de comunicação. Assim como todos os sistemas de comunicação, as artes estão ligadas a determinadas épocas, lugares, e contextos sociais. Elas têm seus próprios símbolos, gramáticas e estruturas internas. Aprender as artes pode ser semelhante a aprender uma língua estrangeira. Em uma dança tailandesa, por exemplo, a dançarina precisa aprender a mover os braços, o pescoço e as sobrancelhas para contar uma história, enquanto que em outras culturas esses mesmos movimentos não são tão importantes para contar uma história. Não existe uma linguagem artística única, capaz de comunicar perfeitamente ao atravessar as barreiras do tempo, do lugar e da cultura. Para entender qualquer forma artística, precisamos não só interagir com seus praticantes, mas também estudá-la. Portanto, nossa primeira tarefa deve ser conhecer os artistas locais e as suas artes.

Contudo, as formas artísticas de comunicação diferem de outros tipos de comunicação em vários aspectos importantes. Em primeiro lugar a comunicação artística dá uma grande ênfase no controle da forma, diferente das interações da comunicação cotidiana. A poesia, por exemplo, muitas vezes faz uso de padrões de som e de pensamento como rima, assonância e metáfora. Uma simples troca de informação não vai utilizar esses padrões. Andar em volta de um tambor repetindo uma sequência de movimentos dos pés também faz mais uso de forma do que simplesmente caminhar de um lugar a outro. Adotar a expressão facial de um personagem mítico faz maior uso da forma na comunicação do que deixar o rosto com seu semblante normal.

Em segundo lugar, as artes revelam a sua singularidade enquanto esferas limitadas de interação. Os eventos artísticos têm pontos iniciais e finais (independente do quanto estejam fluindo). No espaço entre o ponto inicial e o ponto final de um evento artístico, as pessoas interagem de formas incomuns ao cotidiano. A etnomusicóloga Ruth Stone descreve os eventos artísticos como sendo "separados e distinguidos do mundo natural e da vida cotidiana pelos participantes."[3]

Neste manual, nós o ajudaremos a usar estas e outras características para descobrir e descrever a comunicação artística. Ajudaremos você a reconhecer como se dá esta comunicação em quaisquer comunidades em que entrar, incluindo a sua própria. Nós mantivemos os parâmetros de descoberta bastante amplos para não eliminar, sem querer, algum tipo de comunicação importante que não caiba dentro das nossas categorias existentes. Para nós, um ato artístico pode ser tanto um concerto de flamenco espanhol quanto ensaios para um musical de Broadway, ou uma pintura pendurada na parede de uma lanchonete, um pai repetindo um provérbio para sua filha, ou um lamento rítmico entoado perto de uma sepultura. Os povos usam milhares e milhares de tipos de comunicação artística pelo mundo inteiro e frequentemente estes recursos tão incríveis não são valorizados

 Dê exemplos de artes na sua própria comunidade que pessoas de fora frequentemente não compreendem.

---

3 Ruth Stone, "Communication and Interaction Processes in Music Events among the Kpelle of Liberia" (PhD diss., Indiana University, 1979), 37.

Como as Artes Interagem com a Cultura?

As artes podem tanto refletir como também influenciar as culturas às quais pertencem. A comunicação artística reflete a forma de diversos aspectos da cultura porque ela está integrada com a vida como um todo. Por exemplo, para descrever a maneira como executam suas músicas, o povo Kaluli da Papua Nova Guiné usa a seguinte metáfora: "fazer soar acima". Esta linguagem figurada aparece em vários aspectos da sociedade. Ela é fundamental para a sua performance musical, pois, ao cantar, duas pessoas alternam o canto da voz principal produzindo um entrelaçamento de sons. Este mesmo procedimento ocorre na conversa dos kaluli. Enquanto falam, as pessoas "interrompem-se" umas às outras. Dessa forma elas estão "fazendo-se soar acima" umas das outras. Neste exemplo, a forma musical reflete um padrão de comunicação muito comum entre os kaluli.[4]

A comunicação artística também pode promover mudanças nas culturas. Ela possui habilidades únicas que podem motivar as pessoas a agir. E por causa de suas singularidades as artes podem motivar pessoas com um espírito de solidariedade além de fornecer um lugar socialmente aceitável para discordar. Um exemplo disso se vê com as mulheres da Igreja Apostólica da África na África do Sul. Durante o culto de louvor elas podem comunicar as suas queixas contra os homens. Não lhes é permitido pregar para a congregação, mas elas podem interromper o sermão com uma canção que pode conter versos como: "Homens, deixem de bater nas suas mulheres. Só então é que vão para o céu". As canções dirigidas pelas mulheres fornecem proteção simbólica para a mensagem importante que elas contêm.[5] Neste caso, a comunicação artística tem o poder de transformar outros aspectos da cultura. As artes também podem fortalecer as estruturas políticas. Os hinos nacionais constituem um exemplo bem claro disso.

---

4 Steven Feld, "Sound Structure as Social Structure," Ethnomusicology 28, no. 3 (1984): 383–409.

5 Bennetta Jules-Rosette, "Ecstatic Singing: Music and Social Integration in an African Church," in More than Drumming: Essays on African and Afro-Latin American Music and Musicians, ed. Irene V. Jackson (Westport, CT: Greenwood, 1985), 119–44.

O que é Criatividade?

Uma vez que este manual se propõe a ajudá-lo a inspirar criatividade artística que contribua para a expansão do reino de Deus, é importante entender como funciona a criatividade. Nós podemos descrever este processo assim: a criatividade artística ocorre quando um ou mais indivíduos utilizam suas habilidades pessoais, padrões sociais e sistemas de símbolos culturais para produzir um novo evento de uma forma totalmente diferente do que já existia até então. A novidade do evento ou da obra varia conforme os seus componentes básicos e o grau de originalidade destes. Cada cultura tem sua própria maneira de valorizar o que é novo.

Para entender como as pessoas da cultura criam, deve-se descobrir quem são os criadores. Também é importante descobrir quais são as habilidades, conhecimentos, e técnicas necessárias para eles produzirem algo novo. Para que novas obras sejam aceitas na vida da sociedade, as pessoas chave precisam aceitá-las. As pessoas chave são aquelas que exercem forte influência para que a comunidade aceite ou rejeite uma novidade. Portanto, é imprescindível identificar quem são essas pessoas chave. Também é importante saber que restrições ou tabus as novas obras de arte vão enfrentar. Quem na sociedade determina se o grupo vai valorizar, aprender e dar continuidade para uma nova obra?

Um profundo entendimento da tradição é a base em nossa abordagem à criatividade. A tradição não é um corpo fixo de ideias e práticas. Pelo contrário, a tradição sempre está sendo passada de uma pessoa a outra, de uma geração a outra. Cada ato de transmissão introduz pequenas ou grandes mudanças. Este manual vai ajudar você, juntamente com artistas locais da comunidade, a despertar atividades artísticas com o potencial de tornarem-se tradições duradouras. As tradições só permanecem vivas enquanto as pessoas continuarem motivadas a transmiti-las; enquanto os recursos e as estruturas sociais apoiarem a sua criatividade. John Edge, nutricionista e pesquisador, diz: "Tradição é uma inovação que dá certo"[6].

Todos nós que contribuímos com este manual poderíamos mencionar artistas com habilidade excepcional que nos inspiraram e motivaram. Às vezes estes indivíduos excepcionais veem o mundo de maneira diferente e sentem-se obrigados a brincar com as tradições, transformando-as a partir dos seus fundamentos. Eles são especialistas em quebrar paradigmas. Queremos estimular essas pessoas a criarem para Deus e para o seu reino. Essa criação lhes dá a possibilidade de enriquecer as suas contribuições e aumentar suas habilidades individuais porque a criatividade os conecta diretamente com o Criador por excelência. Porém, o nosso enfoque neste manual é a criatividade como atividade comunitária para a qual todos podem contribuir.

---

[6] John T. Edge, Twitter post, February 12, 2010, 6:49 a.m., http://twitter.com/johntedge/status/9009036481.

Artes da Comunidade para os Propósitos de Deus

Considere a seguinte confissão de fé:

> No princípio criou Deus
> - céu e terra,
> - dia e noite,
> - água e solo,
> - plantas e animais e...
> - o homem e a mulher
>
> Deus criou *ex nihilo* (ou seja, do nada).
> O que não existia, agora passou a existir.
> E tudo era bom.
>
> Deus nos fez à sua imagem.
> Uma das maneiras de nós refletirmos esta imagem é o nosso desejo e habilidade de criar.
>
> Nós fazemos
> - cidades e represas,
> - casas e lojas,
> - roupas e móveis, e...
> - histórias, canções, danças e máscaras
>
> Nós criamos *ex creatio* (daquilo que Deus criou)
> - cada vez que escrevemos uma carta ou *e-mail*
> - quando saudamos ou consolamos alguém
> - quando preparamos uma refeição ou fazemos um jogo ou dançamos
> - quando pintamos um quadro ou fazemos uma caricatura
> - cada vez que fazemos algo de uma maneira nunca antes vista, para um propósito ou contexto que totalmente diferente do anterior
>
> Estamos agindo, de certa forma, como Deus age.
>
> Mas o amor nos impulsiona a dar um passo a mais:
> - trabalhando com um grupo de discipulado.
> - pedindo para alguém escrever uma canção ou poesia, ou fazer uma cadeira
> - ajudando alguém a traduzir a Bíblia para sua língua
> - ensinando um refugiado
> - criando um filho.
>
> Cada vez que inspiramos ou ensinamos outra pessoa a criar, estamos realizando um dos maiores e mais duradouros atos de amor.
>
> Nós não somos Deus, mas a criatividade flui através de nós,
>
> E nesse aspecto, somos parecidos com Ele.

1. Busque e relate maneiras em que você já tenha demonstrado ser criativo.
2. Dê exemplos de como você pode ajudar outra pessoa a criar.
3. Converse sobre a criação, sobre as criaturas de Deus e sobre suas maravilhas.

A Quem Devemos Encorajar?

A maioria das pessoas do mundo fala mais de uma língua. Elas também praticam e experimentam música, danças, histórias, assim como outras artes de variadas tradições e regiões geográficas. Cada comunidade (e cada indivíduo dentro de uma comunidade) tem uma maneira única de combinar atividades artísticas locais, regionais, nacionais e internacionais, que estão sempre se transformando. Como podemos saber por onde começar a participar? A resposta a esta pergunta depende de duas coisas: da maneira como a sua comunidade está envolvida na missão da igreja e do seu próprio chamado ministerial.

Três Abordagens de Arte em Missões

Historicamente, os cristãos têm usado três estratégias diferentes na comunicação do evangelho:

1. Trazer e Ensinar
2. Construir Novas Pontes
3. Descobrir e Encorajar.

Embora estas três táticas sejam distintas uma da outra, também interagem entre si de maneiras complexas.

Os que trabalham em situações transculturais usando a tática de "Trazer e Ensinar", levam suas próprias artes e as ensinam para as pessoas em outra comunidade. O que eles fazem, de fato, é ensinar formas artísticas estrangeiras às comunidades locais onde vão trabalhar. Obreiros transculturais têm praticado esta tática através da história da igreja. Isso ainda continua a acontecer nos nossos dias. Por esse motivo eu já cantava a canção *"Ekangeneli Na Yesu"* na região rural da República Democrática do Congo, uma semana depois de chegar. Alguns missionários antigos tinham produzido essa música combinando palavras do idioma lingala com a melodia da canção ocidental "Valsa da Despedida"[7].

O método "Trazer e Ensinar" pode resultar em uma linguagem artística comum que unifica as pessoas pelo mundo inteiro. Às vezes também contribui para a formação de interessantes misturas culturais, além de fazer com que a adoração a Deus seja rodeada de certo mistério inspirador. Contudo, este método também traz consigo resultados negativos e perigosos. Resulta frequentemente em uma comunicação incorreta de emoções e mensagens. As pessoas da comunidade veem a Deus como estrangeiro ou alheio a elas. Os artistas locais se sentem excluídos ou desmoralizados. As comunidades locais acham que o cristianismo é irrelevante. A diversidade no reino fica enfraquecida.

Os que lançam mão do método "Construir Novas Pontes" aprendem o suficiente sobre as artes da outra comunidade para influenciar a forma como os seus membros usariam as suas próprias artes no ministério. Os musicoterapeutas, por exemplo, têm usado canções locais para levar as crianças a um processo de cura do sofrimento. A tática de Construir Novas Pontes também pode abranger colaborações entre artistas de diversas culturas para o alcance de um propósito comum. Nesse caso, os produtos resultantes têm características provenientes de mais de uma tradição.

A tática de Construir Novas Pontes frequentemente requer pouco tempo para ter um progresso inicial. Funciona bem em comunidades que estão passando por trauma e que não têm energia nem recursos para desenvolver a sua própria expressão artística. Este método também promove relacionamentos saudáveis entre os membros da comunidade onde todos compartilham igualmente as suas artes. O método apresenta problemas, entretanto, quando existe uma diferença significativa entre a autoridade exercida pelo missionário transcultural e aquela exercida pelos artistas da comunidade. O status social mais alto do obreiro estrangeiro pode acabar diminuindo a resolução e a coragem dos artistas locais. Outro problema que

---

7 Primeiros versos: "Adeus, amor eu vou partir, ouço ao longe um clarim."

pode surgir com este método é que os resultados que ele produz às vezes não são sustentáveis. Uma nova produção artística que não está bem arraigada nas tradições e sistemas sociais locais provavelmente não vai durar por muito tempo.

Na tática de "Descobrir e Encorajar", o missionário aprende a conhecer os artistas locais e as suas artes de maneira a estimulá-los a criarem de acordo com as formas que conhecem melhor. Esse obreiro incentiva a criatividade de outro indivíduo, ajudando assim a gerar novas criações. Estas novas criações saem naturalmente da comunidade. Este método geralmente requer relacionamentos de longo prazo com as pessoas do que os outros dois. Também requer um forte e ininterrupto compromisso de aprender com o outro.

Nenhuma destas três táticas está completamente livre da imperfeição humana. Porém, escrevemos *Criação Conjunta de Artes Locais* principalmente para aqueles que usam o terceiro método no seu trabalho. Fizemos isso por duas razões. Primeiro, vemos Jesus como nosso principal modelo. Como o Rei do reino de Deus, ele deixou a sua cultura celestial para se tornar um ser humano. Aprendeu a andar, falar, cantar, e vestir-se como parte de uma sociedade terrena e minoritária por quase trinta anos antes de começar seu principal ministério. (Filipenses 2). Assim como Jesus, nós devemos conviver com as pessoas, aprendendo, ensinando e contribuindo com elas. Em segundo lugar, cremos que a igreja está negligenciando esta tática em suas estratégias missionárias. Frequentemente as consequências desta negligência são trágicas.

 Discuta um exemplo de cada um destes três métodos de divulgação do reino de Deus: Trazer ou Ensinar, Construir Novas Pontes, e Descobrir e Estimular.

Seu Chamado Pessoal

Sugerimos três critérios que podem ajudar você a investir os seus dons, o seu tempo, e as suas forças em prol da comunidade.

Primeiro, peça a Deus para mostrar-lhe de que forma ele está trabalhando em cada lugar. É importante lembrar que a voz dele pode não ser tão alta e clara como você espera.

A segunda coisa a fazer é começar a conhecer e descobrir a comunidade. Junto com os membros dessa comunidade você saberá como e onde trabalhar. A sua própria formação, associada aos métodos ensinados neste manual produzirão em você conhecimento e experiência de grande valor. Se você fizer parte de um grupo responsável pelo processo de decisões, grupo este dirigido por pessoas locais, não tenha medo de expressar o seu ponto de vista, desde que o faça com humildade.

A terceira sugestão é dar uma atenção especial aos artistas locais, representantes das mais antigas e profundas tradições da sociedade. Aconselhamos dar um enfoque sobre estes artistas já que eles têm habilidades e conhecimentos singulares que correm o risco de se perder. Para sobreviverem, as comunidades precisam de uma combinação das antigas tradições com certa dose de inovação. Damos aqui a nossa definição funcional de uma arte local: é uma forma de comunicação artística que a comunidade cria, executa, ensina e compreende sem ajuda externa. Esta compreensão inclui o conhecimento das formas artísticas, dos seus significados e da linguagem em seu próprio contexto social.

As sociedades se conectam através da forma de comunicação e de interações pessoais. Os membros dessas sociedades se agrupam de acordo com os seus interesses pessoais. Porém, também é possível ocorrer contatos também em diferentes contextos sociais, financeiros, religiosos, ou por meio de influências locais e globais. Os povos são multilíngues, multiculturais e multiartísticos. Uma comunidade marcada pelo reino de Deus avalia o valor e os propósitos de cada forma artística e se esforça para alcançar uma combinação que glorifique a Deus.

Sugira maneiras especiais que demonstrem como Deus pode estar trabalhando na sua comunidade.

Mencione dons, habilidades e experiências específicas que Deus tem desenvolvido em você.

Que atitude você acha que Deus quer que você tome em relação às tradições antigas de sua comunidade? Converse com outros sobre isso.

Quem Faz o Quê?

Escrevemos este manual para você que promove as artes. Escrevemos para você que quer ajudar uma comunidade – talvez até a sua própria – a integrar a atividade artística mais plenamente em suas vidas em vistas a um futuro melhor aqui e, posteriormente, na eternidade. A sua tarefa principal é ajudar outros a fazerem coisas novas a partir de gêneros artísticos já conhecidos. Se você é um artista talvez sinta a necessidade de expressar os seus próprios talentos. Isso é ótimo, mas é importante lembrar que a sua responsabilidade primordial é *ajudar os outros* a criarem novas obras de arte. Este Manual ajudará você a assessorar outros.

Todo o processo de cocriação artística requer pessoas com muitos tipos de competências, conhecimento e habilidades diferenciadas. Listamos aqui algumas delas:

- Sensibilidade e habilidades artísticas
- Capacidade de fazer pesquisa cultural
- Relacionamento das comunidades a nível local, regional e nacional.
- Planejamento e organização
- Habilidades de comunicação apropriadas para diversos contextos
- Habilidade técnica para gravação e produção de material.

Nenhuma só pessoa pode fazer sozinha tudo o que é necessário para criação conjunta de artes locais. É por isso que usamos palavras como "juntos" e "nós", bem como outros termos plurais com tanta frequência neste Manual. Mostramos a você o que precisa ser feito, mas não indicamos quem deve fazê-lo.

Temos em mente dois tipos de pessoas que promovem as artes. O primeiro grupo consiste naqueles que pretendem passar longo tempo ministrando numa determinada comunidade. Querem um guia para começar, planejar e implementar um trabalho que faz uso das artes locais. A nossa expectativa é que eles, com o passar do tempo, usem a maior parte deste manual. O segundo grupo consiste naqueles que têm o tempo mais limitado para fortalecer os artistas da comunidade. Eles podem dar uma olhada rápida no manual e achar alguma coisa útil. Sugerimos algumas ideias que podem poupar tempo na seção titulada "Se não tiver muito tempo", no final deste capítulo. Escrevemos a maior parte do manual para pessoas que trabalham em um contexto transcultural, mas ele também é útil para pessoas que estão trabalhando com suas próprias comunidades.

Seja qual for a categoria em que você se encontra, o nosso alvo é ajudá-lo a integrar a comunicação artística na vida da comunidade. Pressupomos que tenha acesso a pessoas e organizações que possam ajudá-lo a fazer isso. Estes, por sua vez, devem ter as habilidades, recursos e conhecimentos básicos para atingir os alvos de Deus em uma determinada situação. Não incluímos, por exemplo, dicas para decidir se deve ou não começar um programa de alfabetização. Não damos instruções sobre como fazer uma cartilha. Mas mostramos como usar a letra de um estilo local de canção para ajudar a ensinar alfabetização. Demonstramos como danças locais podem fazer um papel importante na motivação dos que estão aprendendo a ler. Oferecemos ferramentas que podem ajudar na compreensão de padrões visuais e que podem ser incorporados nos desenhos das cartilhas. Nós não desenvolvemos uma estrutura teológica ou metodológica para iniciar novas igrejas, mas conduzimos você por um processo de chegar a conhecer os artistas locais, que por sua vez ajudará a incorporar o conhecimento e as habilidades deles nos esforços existentes para a plantação de igrejas.

Se você for recém-chegado na comunidade, provavelmente não terá a capacidade de criar ou compor uma obra nova em um dos gêneros artísticos locais. As suas contribuições ao processo criativo serão restritas ao auxílio que você dará aos membros da comunidade para que estes possam encontrar motivações para criar. Talvez você possa ajudar a planejar eventos, dar assistência à comunidade na avaliação daquilo que seus artistas produzem. Também poderá levar as pessoas a integrarem formas definitivas de criatividade em suas vidas. Depois de um tempo de convivência você terá um bom conhecimento de algumas tradições artísticas e poderá criar novas obras de arte. Isso poderá ter um efeito profundo em motivar pessoas da comunidade para criar artes novas.[8] Mas acima de tudo isso, queremos ajudá-lo a estabelecer relacionamentos com as pessoas da comunidade. Queremos que os seus relacionamentos resultem na criação de novos exemplos de obras baseados em gêneros já existentes, feitos por artistas locais. Que estas novas obras sirvam para espalhar e firmar o Reino de Deus neste mundo.

Que experiências e dons você tem que podem ser aplicados a este processo?

Que experiências e dons terão que vir de outras pessoas?

Que responsabilidade você poderia ter no processo de CCAL?

---

8 Leia as experiências de Tom Avery entre os Kanela do Brasil. POPJES, Jack. *Música para Seus Ouvidos*, p.736. In: Winter, R. Hawthorne, S. Bradford, K. *Perspectivas no Movimento Cristão Mundial*. Edições Vida Nova. São Paulo, 2009.

Criação Conjunta de Artes Locais

A Figura 2 representa o método pelo qual este manual guiará você junto com a comunidade. O método é um processo contínuo de pesquisar e criar conjuntamente que resultará em mais sinais do Reino. Chamamos este processo de *Criação Conjunta de Artes Locais* (CCAL) ou cocriação. O emaranhado no meio representa um evento que contém comunicação artística sendo central ao processo inteiro, garantindo que os esforços da comunidade estão fundamentados em uma realidade local justamente porque os membros da comunidade conhecem os artistas e suas artes dentro dos seus próprios contextos. O evento artístico deve ser o foco destes sete passos:

1. Conhecer a Comunidade e Suas Artes
2. Escolher Alvos do Reino
3. Conectar os Gêneros com os Alvos
4. Analisar Gêneros e Eventos
5. Despertar a Criatividade
6. Aperfeiçoar Resultados
7. Celebrar e Integrar para a Continuidade

Finalmente, as pessoas no centro de todo esse processo precisam entender que a aprendizagem e o amor devem permear e dar força a tudo o que é feito. Na realidade pode-se entender estes sete passos como sete conversas. O propósito fundamental deste manual é *ajudar outras pessoas* a produzirem novas obras de arte.

Figura 2. Criação Conjunta de Artes Locais

O nosso desejo agora é preparar você para o processo da *Criação Conjunta de Artes Locais*. Daremos um breve resumo de cada passo com uma pequena história ilustrativa. No início dos anos noventa, Brian Schrag e sua família moravam na região noroeste da República Democrática do Congo (antigo Zaire). Eles estavam ajudando a comunidade Mono a traduzir a Bíblia para sua língua local. Primeiramente, Brian vai descrever cada componente do processo de cocriação, depois ele vai explicar como estes componentes se aplicam à comunidade Mono.

Passo 1: Conhecer a Comunidade e suas artes

O item conhecer envolve ter acesso às informações básicas sobre a comunidade. Conhecer significa, primeiramente, criar relacionamentos com as pessoas, e a partir daí listar os tipos de artes praticadas pela comunidade.

__Conhecendo a Comunidade Mono e suas artes.__ Inicialmente quando mudamos para a aldeia de *Bili* no Congo, observei que os membros da igreja cantavam canções numa língua franca que não era mono. Algumas das canções eram traduções de hinos europeus e americanos, outras eram composições feitas num estilo nacional popular. Fora da igreja, as pessoas tocavam e cantavam tipos de música que eram bem diferentes. Tocavam e cantavam no idioma Mono. Antes que pudéssemos estimular a criatividade, tínhamos que entender mais. Perguntei aos líderes de uma igreja local se podíamos nos reunir debaixo da palhoça (barraca com telhado de palha) perto de nossa casa. Eu desejava falar sobre as suas formas artísticas e sobre a Bíblia. Juntos, fizemos uma lista de doze contextos sociais em que o povo Mono costuma tocar música e dançar. Estes contextos incluem danças sociais, ritos de passagem, expressão pessoal e aconselhamentos usando o *kundi* (uma harpa local) – um gênero de execução chamado *gbaguru*.

Passo 2: Escolher Alvos do Reino

Quais são os alvos que a comunidade quer enfocar para que a sua vida reflita cada vez mais o Reino de Deus? Neste segundo passo organizamos estes sinais do reino separados em várias categorias bastante amplas: Identidade e Sustentabilidade, Shalom, Justiça, Escrituras, Vida da Igreja e Vida Espiritual. Contudo, este guia é apenas o início, pois existem milhares e milhares de sinais do reino de Deus. Portanto, aja com liberdade. Especifique novos sinais do reino. Crie novas atividades que fortaleçam os sinais do reino de Deus. Conte e escreva histórias de como a comunicação artística tem ajudado a espalhar e a estabelecer o reino de Deus.

> ***Escolhendo com a Comunidade Mono.*** Ainda debaixo da palhoça, o pastor e os presbíteros discutiram os muitos propósitos da música encontrada na Bíblia e sobre como Deus criou todas as pessoas à sua imagem. Disseram que eles não usavam os instrumentos dos mono na igreja porque cinquenta anos antes, os primeiros evangelistas os tinham aconselhado a queimar todos os objetos físicos associados com a sua vida tradicional, inclusive seus instrumentos. Porém, com base nas Escrituras, os líderes da igreja Mono decidiram que Deus de fato queria que eles retomassem a sua música para os propósitos dele, inclusive na adoração congregacional. Aqueles cristãos desejavam relacionar-se com Deus de maneiras novas e mais profundas. Eles tinham curiosidade e queriam investigar novas possibilidades.

Passo 3: Conectar os Gêneros com os Alvos

Depois dos membros da comunidade haverem escolhido um alvo do Reino, vocês podem decidir juntos que efeitos, formas artísticas, conteúdos e eventos vão contribuir melhor para atingir esse alvo.

> ***Conectando com a Comunidade Mono.*** Os líderes queriam que os cristãos entendessem melhor as Escrituras, e que valorizassem as tradições dos Mono. Eles entenderam que a o ambiente familiar de uma reunião de igreja seria o melhor ambiente para experimentar algo novo pela primeira vez. Com isso, decidiram que o melhor gênero a ser usado seria o *gbaguru*. Grande parte da Bíblia dá conselhos de sabedoria, e o gênero *gbaguru* é usado exatamente para oferecer conselhos. Por isso os líderes perceberam que podiam incorporar *gbaguru* muito bem na adoração.

Passo 4: Analisar Gêneros e Eventos

Criar algo usando um gênero artístico já existente para novos propósitos requer muito conhecimento, habilidade e sabedoria. As suas primeiras impressões de uma forma artística que lhe é nova geralmente são erradas e sempre são incompletas. O Passo 4 ajuda você a perceber os detalhes e entender os significados das formas artísticas, aumentando assim a sua compreensão do evento. Uma melhor compreensão desses detalhes e significados ajudará você e a comunidade a identificar os elementos artísticos que realmente irão penetrar na comunidade, e assim, refletir o reino de Deus.

> *Analisando Gêneros e Eventos com a Comunidade Mono.* Motivado pelos meus próprios interesses, eu já tinha começado a aprender a tocar *kundi*. Este instrumento se usa para executar canções *gbaguru*. Perguntei quem era o melhor tocador do *kundi*, e todos sugeriram Punayima Kanyama. Analisei Punayima tocando no gênero *gbaguru* durante vários eventos e fiz gravações em vídeo. Transcrevi melodias, palavras e as formas de dedilhar. Punayima também me ensinou a tocar algumas canções e isso aumentou a minha compreensão das formas e temas desse gênero. Por exemplo, aprendi que a letra do *gbaguru* geralmente contém provérbios em mono; descobri que as execuções musicais geralmente são feitas por homens; as melodias costumam seguir os padrões tonais das palavras da canção; os autores geralmente requerem tempo a sós para compor novas canções.

Passo 5: Despertar a Criatividade

Pode-se despertar (ou inspirar) a criatividade fazendo algo que resulte no surgimento de uma nova criação artística. É possível estimular a criatividade com uma simples sugestão de que alguém faça uma nova máscara ou componha uma nova canção para uma celebração. Em outros casos, despertar a criatividade vai requerer atividades mais complexas e que levam mais tempo, tais como promover oficinas, encomendar obras artísticas, novos aprendizados e festivais. Artistas locais também podem desenvolver uma nova versão de um ritual ou cerimônia que já existe. Seja qual for a atividade escolhida, tenha o cuidado de incluir todos – inclusive os líderes – que têm interesse em integrar novas obras na sua comunidade.

> *Inspirando a Comunidade Mono.* Perguntei para os mono quem poderia compor novas canções *gbaguru* com base nas Escrituras para serem usadas na adoração cristã. Devido os primeiros evangelistas terem dito aos novos cristãos mono para queimarem seus instrumentos, ninguém na igreja sabia tocar o *kundi*. Depois de discutir o assunto, os líderes resolveram que iam escolher alguns membros da igreja para serem aprendizes de um mestre do *kundi*. Assim, nós nos reunimos uma vez por semana e Punayima nos ensinou como construir um *kundi*, como afiná-lo e como tocar algumas canções simples.

Passo 6: Aperfeiçoar os Resultados

A avaliação é essencial para o processo cocriativo. Queremos que os membros da comunidade integrem a criatividade nas suas vidas para que os alvos estabelecidos – sejam eles, sociais, físicos ou espirituais – possam ser alcançados. Uma avaliação feita segundo os critérios já estipulados pode auxiliar os membros da comunidade a melhorarem a sua comunicação artística ainda imperfeita, fazendo com que esta seja mais eficaz.

> ***Aperfeiçoando com a Comunidade Mono.*** Infelizmente, nós não avaliamos as primeiras canções feitas por Punayima e os outros artistas. Elas podiam ter sido bem melhores. Contudo, incluímos alguns processos para melhorar canções baseadas nas Escrituras que os mono fizeram a partir daquele momento. Os tradutores da Bíblia verificaram a letra para que elas fossem precisas e claras e os músicos profissionais revisaram as canções de modo que elas fossem ótimos exemplos dos gêneros que representavam.

Passo 7: Celebrar e Integrar para Continuidade

Nosso desejo é que os membros da comunidade integrem a criatividade do reino cada vez mais em sua vida diária e nos eventos que promovem ao longo do ano. Para fazer isso, precisam ensinar as obras artísticas recém-criadas para as outras pessoas. Além disso, eles precisam de um plano para manter sempre ativo o processo de criação. Isso significa basicamente que, durante o passo de "Despertar a Criatividade", essas novas obras devem ser ensinadas para o público. Também devem incluir um planejamento de como ensinar obras novas para grupos maiores no futuro. Talvez seja bom ensinar primeiro um grupo pequeno e receber suas avaliações e sugestões sobre como melhorar. Só então você pode apresentar o trabalho para um grupo maior.

> ***Celebrando e Integrando com a Comunidade Mono.*** Depois de um tempo tendo aulas de *kundi*, alguns estudantes decidiram formar um grupo *kundi* chamado *Chorale Ayo* (O Coral de Amor). Punayima compôs uma canção sobre como Deus criou o homem e a mulher do pó da terra. Quando tocamos e cantamos a canção em um culto na igreja, a congregação, que geralmente era enérgica, ficou imóvel e silenciosa. Fiquei com medo de que tivéssemos feito algo errado, quem sabe levando as pessoas a que pensassem sobre antigos deuses. Depois do culto, perguntei a um amigo por que as pessoas ficaram tão quietas. Sua resposta foi: "O que podíamos fazer? A canção cortou os nossos corações". Essa expressão significava que a canção havia tocado suas emoções, mentes e vontades de uma forma tão profunda como só suas próprias artes poderiam fazer.

O Chorale Ayo continuou a cantar em reuniões da congregação e alguns dos alunos começaram a compor as suas próprias canções. Então vieram a guerra e as calamidades pessoais que interromperam a vida do povo Mono. Depois de um longo período sem atividade, surgiram vários grupos *kundi* em várias aldeias. A igreja protestante entre o povo Mono começava a celebrar as coisas boas de sua cultura tradicional. Porém, eu queria abranger mais pessoas. Estávamos planejando uma grande *feté* (uma celebração) porque havíamos terminado de construir nossa nova casa na aldeia. Então tive a ideia de encomendar canções para serem apresentadas durante esse evento, como resultado, duas canções foram feitas em gêneros tradicionais do povo Mono. Na noite da nossa celebração, centenas de monos de todas as classes sociais ouviram os ensinos de Jesus em suas próprias formas culturais. As canções contavam a parábola dos "Dois Fundamentos" (Mateus 7:24-28).

Como Usar Este Manual

Um Guia Flexível

Organizamos o processo de *Criação Conjunta de Artes Locais* numa série de passos numerados porque cada passo conduz o leitor ao próximo de maneira lógica. Porém, muitas vezes, os passos não vão acontecer nesta ordem exata. De fato, é possível que haja maior necessidade de se trabalhar mais um passo do que outro, sendo necessário maior investimento de tempo e análise. Por exemplo, para melhorar uma história recém-criada, talvez os membros da comunidade precisem pesquisar novamente as características textuais das melhores histórias locais. Para isso, será necessário refazer atividades discutidas no passo Analisar. O ideal é que os membros da comunidade tenham novas ideias, aprendam com suas experiências, façam mais pesquisa, tentem novamente, caso algo dê errado, e assim por diante, continuando o processo de agir-e-refletir e refletir-e-agir. Este padrão resulta no desenvolvimento de uma criatividade saudável. Pense nestes passos como uma estrutura confiável e sólida que você pode usar como referência. Porém, eles não são rígidos e inflexíveis. Além disso, pode-se entender os passos como sete conversas que você deverá ter com o povo para garantir um trabalho bem-sucedido.

Outra advertência sobre a ordem que apresentamos aqui é que alguns dos passos incluem elementos de outros passos. É importante notar que as atividades que desenvolvem no Passo 5 para incentivar (ou inspirar) a criação de obras novas são, na realidade, um conjunto de vários passos. Por exemplo, uma oficina sobre como tecer um pano contendo conselhos bíblicos para um bom casamento pode incluir os passos analisar, despertar, aperfeiçoar e integrar. Nossa intenção não é definir passos rígidos e isolados que precisam ser seguidos ao pé da letra. Nosso desejo é ajudar os membros da comunidade a incluir cada um destes componentes em sua vida diária como um todo. Por favor, consulte o site da Coletânea de Etnodoxologia e do Manual de *Criação Conjunta de Artes Locais* para ter acesso a mais recursos (www.ethnodoxologyhandbook.com).

Características desse Manual

Em todas as partes do Manual há atividades marcadas com o título "Olhar Inicial". A comunicação artística é extremamente complexa e às vezes parece quase impossível saber como começar uma análise. Nós projetamos as ferramentas chamadas "Olhar inicial" para lhe dar um resumo rápido dos elementos mais importantes que você deve considerar. Depois, mostraremos como se aprofundar mais no assunto.

Você vai encontrar no corpo do texto alguns conteúdos formatados de maneiras diferentes.

Estas figuras indicam que o texto seguinte é uma atividade que você deve fazer.

Um bloco de texto sombreado identifica um conteúdo de grande importância que você poderá verificar mais de uma vez.

Conselhos e Encorajamentos

Discutir o Processo de Criação Conjunta de Artes Locais com os Líderes

Você deve discutir o processo de cocriação com os líderes representando a sua conexão com a comunidade. Se você for parte de uma organização externa que está em parceria com a comunidade, todos os líderes envolvidos precisam entender os objetivos e o processo descritos neste manual. Talvez seja possível organizar uma reunião específica para descrever este processo.

Pesquisar Sempre

Aprender a conhecer outra pessoa intimamente representa um verdadeiro ato de amor e é extremamente necessário para ter êxito em tudo o que você faz. Portanto, quando não tiver certeza do que você deve fazer, pergunte a alguém, dance com eles, ou observe um evento acontecer. Todas estas coisas ajudarão você a aprender. Pesquisar é o mesmo que aprender, e aprender é o mesmo que amar. Quando pesquisamos sobre uma comunidade, aprendemos sobre ela. Quando aprendemos sobre a comunidade, demonstramos amor pelos seus integrantes.

Às vezes a sua pesquisa vai levá-lo a áreas de crenças e prática que são contrárias à fé cristã. Nestes casos, procure ter uma postura neutra e científica. É claro que não se deve agir contrário àquilo que Deus quer que façamos. Ao mesmo tempo, procure identificar-se com seus amigos, pelo menos temporariamente. Pode ser bem difícil adotar essa posição, por isso será extremamente importante estar em constante oração.

Priorizar os Relacionamentos

A nossa primeira prioridade é o ser humano em sua totalidade. O que desejamos realmente é conhecer as pessoas e não somente as suas formas artísticas. Portanto, você deve passar tempo investindo em relacionamentos. Em vez de simplesmente fazer as coisas, peça permissão antes de agir. É importante ganhar o direito de fazer perguntas aos outros. Respeite as restrições locais sobre as suas atividades. Por exemplo, um homem não deve tentar estudar os rituais de iniciação das moças. Na maioria dos casos, serão seus relacionamentos autênticos e recíprocos com as pessoas que lhe darão acesso às suas vidas. a elas. Em outras ocasiões, porém, você vai se beneficiar dos relacionamentos já bem estabelecidos de outras pessoas com a comunidade para te auxiliar a construir seus próprios relacionamentos. De qualquer maneira lembre-se sempre de que, embora nossa atenção se volte mais para a vida artística do povo, eles são, acima de tudo, pessoas.

E Se Eles Não Aceitarem?

Mesmo que você faça perfeitamente tudo o que há neste manual, com atitude de humildade e respeito (coisa que ninguém consegue fazer), é quase certo que você encontrará resistência. Listamos aqui algumas das possíveis fontes de resistência:

- A comunidade pode ter pouca consideração por seus artistas.
- Argumentos teológicos ou ideológicos podem desfavorecer o uso de alguns tipos de artes em certos contextos.
- Experiências negativas do passado com tentativas fracassadas de produzir novas artes podem resultar em sentimentos negativos.
- Inércia por causa de antigas tradições também pode servir de resistência.
- Pouca importância dada ao potencial transformador da comunicação artística pode ser outro fator de impedimento.

Nosso método de cocriação deve aliviar muitos destes problemas dentro da comunidade, mas não vai remover todos os obstáculos. Os seguintes conselhos podem ajudar você a prosseguir com maior êxito.

1. Ampare, ame, encoraje e ore pelos artistas com quem você trabalha. Sempre que eles criam algo para um espaço público, tornam-se vulneráveis à eventuais depreciações por parte da cultura.
2. Coopere o máximo possível com as estruturas de autoridade existentes. Isso nem sempre vai dar certo, porque as artes tendem a falar verdades incômodas para quem está no poder. Porém, haverá muitos benefícios para a sustentabilidade se os líderes da comunidade estiverem dispostos a ouvir.
3. Você deve começar de maneira simples, com um projeto piloto. Ajude a criar alguns exemplos de gêneros artísticos locais sendo usados para os propósitos do reino, depois os apresente aos líderes da comunidade. Este pode ser um passo crucial para abrir a porta para mais criatividade.
4. Seja agradável e persistente nos seus relacionamentos.
5. Não tenha medo de tentar e de fracassar. Isso ajudará você a conservar a sua humildade, lembrando que o plano de Deus para você e para a comunidade nunca será exatamente como você imagina.
6. Fale constantemente com Deus. Ele lhe dirá o que você precisa saber porque todo esse trabalho que você está fazendo, no final das contas, é para o Seu Reino. Lembre-se do seguinte: "Se algum de vocês tem falta de sabedoria, peça-a a Deus, que a todos dá livremente, de boa vontade; e lhe será concedida". (Tiago 1.5)

Sempre que Possível Ajude os Líderes a Planejarem suas Artes

Uma das razões mais comuns por que as comunidades e organizações não integram as suas artes em seus trabalhos é porque eles não têm um planejamento para isso. Você pode ajudar a resolver este problema aprendendo os processos de tomada de decisão dos líderes das igrejas, das organizações não governamentais (ONGs) e de outros grupos que se relacionam com a comunidade. Então você pode pedir para juntar-se a esses processos de maneiras apropriadas em certos momentos chaves. Prepare-se bem e esteja pronto para oferecer sugestões concretas sobre como as pessoas podem utilizar os valiosos recursos artísticos de sua comunidade para alcançar os seus alvos.

Prepare-se

Um bom planejamento pode ser essencial para a integração da criatividade do reino na comunidade em longo prazo. De fato, os sete passos do método *Criação Conjunta de Artes Locais* se propõem a ser um método de planejamento. É possível relacionar estes passos diretamente com outros métodos. Talvez você esteja trabalhando com uma organização que já adotou certo sistema de planejamento. Se for este o seu caso, adapte o vocabulário desenvolvido neste manual ao sistema deles e utilize a terminologia deles nas suas conversas.

É importante lembrar que, apesar dos planos que você e a comunidade tenham feito, Deus frequentemente opera de maneira que não podemos prever. Devemos planejar, mas ao mesmo tempo precisamos ficar sempre alertas a indivíduos ou grupos que talvez estejam respondendo a algo inesperado da parte de Deus. Portanto, alegre-se com as surpresas.

Você não Pode Fazer Tudo, Mas Pode Fazer o Suficiente

Desde o início da existência humana, pessoas vêm integrando as artes nas suas sociedades de maneiras maravilhosas, sem a ajuda deste manual. Às vezes, indivíduos e comunidades criam artes sem ter em mente qualquer propósito explícito. Eles simplesmente pensam: "Eu realmente quero/preciso fazer isso"! Às vezes essas peças artísticas se espalham e avivam o reino de Deus de maneiras totalmente inesperadas e positivas. Portanto, pode ser que você não faça nada do que se encontra aqui.

A maioria das comunidades, porém, vai se beneficiar deste manual. Cada comunidade junto com as suas formas artísticas de criação representa um grau insondável de complexidade e variação. Até o melhor artesão pode aprender e aperfeiçoar mais as suas habilidades. O que realmente dificulta a situação é que os contextos físicos e sociais das sociedades se encontram em constante mudança. Às vezes estas mudanças chegam a ser drásticas. Por isso, talvez não seja possível fazer todas as atividades que descrevemos neste manual. Mesmo que você estudasse apenas uma forma artística, lhe faltaria tempo para fazer tudo. Não é possível fazer tudo, mas você pode fazer o suficiente.

Estudos acadêmicos das áreas de etnomusicologia, estudos dos processos criativos, antropologia, linguística, missiologia e neurociência nos ensinam que podemos compreender os padrões essenciais da comunicação artística humana. Além disso, a visão que Deus tem do seu reino abrange todas as línguas e nações da terra (Apocalipse 7). Nós podemos conhecer uns aos outros. Contudo, por causa da complexidade das sociedades, nossas interações com elas são mais de explorações e aventuras do que processos científicos. Use este manual para afiar e ampliar o seu entendimento da comunicação artística no reino de Deus, mas não tente fazer tudo. Explore aquilo que se mostra mais relevante e produtivo.

Se Não Tiver Muito Tempo

Pode ser que você não tenha tempo nem recursos suficientes para se dedicar ao processo completo que descrevemos neste manual. Ou talvez você não saiba ao certo por onde começar. Esta seção resume algumas atividades das artes que requerem pouca preparação. Estas atividades vão ajudá-lo a começar e servirão para estimular ações mais completas quando você tiver mais tempo. Nenhuma exploração artística e nenhum encorajamento nesta área é perda de tempo.

Para começar, procure conexões naturais que você venha a ter com artistas locais. Talvez você fique fascinado com uma determinada forma artística, ou simplesmente gosta dela. Talvez tenha experiência ou habilidade relacionada à outra forma artística como dança ou a arte de tecer. É possível que você tenha uma afinidade pessoal com o praticante de certa forma artística. Em qualquer caso, lembre-se de que o seu alvo principal é conhecer e estimular as pessoas envolvidas nas artes locais. Tente achar meios de desenvolver relacionamentos. Se você só puder fazer uma coisa, peça a um artista para lhe ensinar algo.

ATIVIDADES SIMPLES PARA O ENVOLVIMENTO COM ARTES

- Fazer uma lista inicial de formas artísticas locais, usando a atividade "Olhar Inicial nas Artes da Comunidade" no Passo 1.
- Assistir a eventos artísticos e descrevê-los resumidamente em um caderno.
- Colecionar instrumentos.
- Transcrever textos das canções.
- Estudar sobre a língua e cultura com artistas. Relacionar-se com eles socialmente nas horas de folga.
- Fazer gravações regulares em áudio ou vídeo de uma determinada forma artística de acordo com as categorias de canções, autores, eventos da aldeia, ou provérbios.
- Aprender a tocar um instrumento, cantar, dançar, encenar, tecer ou contar uma história em um gênero local.
- Falar sobre as seguintes coisas com amigos e pessoas locais:
  - Como foram criados os tipos de artes na comunidade? Quem criou as coisas que as pessoas usam ou apresentam?
  - Como a maioria das pessoas se comporta em relação àqueles que se envolvem nas diferentes formas artísticas culturais?
  - Existem certas partes de uma determinada apresentação que carregam significado simbólico especial? Por exemplo, cores, formas, instrumentos ou roupas?
  - Qual a diferença entre o modo em que as pessoas executam as formas artísticas locais hoje em relação à sua execução no passado? Os jovens estão aprendendo a fazer estas artes? Como é que alguém se torna perito nelas?
  - Existem certas formas artísticas que só podem ser praticadas por homens, mulheres ou crianças?
  - Como é que as pessoas se sentem quando estão envolvidas nas diversas formas artísticas locais? Elas entram em estado de êxtase às vezes?
  - Que ligação há entre as formas artísticas locais e as crenças religiosas?
  - Quais são as expressões artísticas da cultura que não estão sendo usadas atualmente na adoração a Deus? Por quê? Como Deus poderia redimir alguma delas para servir aos propósitos do Seu reino?

Figura 3. Atividades Simples para o Envolvimento com Artes

Motivações Fundamentais: Uma Nota Sobre o Céu e o Inferno

Temos destacado os sinais do reino de Deus como a motivação central para o uso deste manual. Queremos que o povo de Deus pelo mundo inteiro tenha práticas artísticas que mostrem mais o céu aqui na terra. Entretanto, até agora nós quase não falamos do primeiro sinal do reino de Deus neste mundo: o primeiro sinal do Reino é a própria a existência do ser humano. Deus criou as pessoas à sua imagem. Cada criança, homem e mulher é uma evidência que aponta para a habitação de Deus, o céu. Como é que este sinal fundamental deve influenciar o nosso trabalho?

A resposta a esta pergunta depende, em parte, do nosso entendimento de que a Eternidade existe de duas formas distintas: o céu e o inferno. O céu é associado com o Deus Trino – Pai, Filho e o Espírito Santo – e com tudo o que é bom. O inferno é associado com Satanás e tudo o que é mau. Na terra, estas realidades se tornam complexas e difíceis de entender. Adolph Hitler desenvolveu brilhantemente os seus dons de oratória. Em seus discursos ele tinha grande poder de entusiasmar e comover, assim influenciando os seus ouvintes. As suas habilidades criativas refletiam, vagamente, as habilidades criativas de Deus. No entanto, Hitler usava seus dons de forma violenta, causando horror, desesperança, desespero e sofrimento. Esses efeitos negativos refletiam, vagamente, os desejos cruéis de Satanás. Nós cremos que as realidades do céu e do inferno – tanto aqui na terra, quanto depois da morte – estão muito mais além do que podemos imaginar.

Podemos aprender algumas lições com estas verdades. Primeiro, devemos considerar cada indivíduo, assim como os seus dons, infinitamente valiosos. Alguém que viaja muito pode ter reações negativas ao se deparar com roupas, estilos de cabelo, cor de pele, sons ou cheiros das pessoas de uma cultura diferentes da sua. Quando isso acontecer ele deve repetir para si mesmo: "São criados à imagem de Deus! São criados à imagem de Deus"! Cada pessoa leva a marca de Deus. Por isso, a nossa primeira atitude para com essa pessoa sempre deve ser de generosidade e humildade. Devemos nos aproximar dela esperançosos de achar bondade e beleza. Segundo, precisamos estudar sobre o céu e o inferno do ponto de vista bíblico com muita meditação e certa dose de imaginação. Quando conhecermos estas duas realidades de uma maneira física, intelectual e emocional, poderemos discerni-las melhor. Em terceiro lugar, não devemos nos deixar levar pela ideia de que as dores e alegrias que vivenciamos aqui na terra são as únicas que existem. Se crermos assim, vamos nos contentar simplesmente em aliviar a fome das pessoas e não seremos capazes de levá-las a um relacionamento de gratidão e comunhão com o Deus que lhes dá o alimento.

Por último, devemos nos comprometer com a expansão do Reino de Deus e de seus sinais, porque eles são bons. Não devemos nos esquecer de que as pessoas precisam conhecer a fonte de todas as coisas boas, o Deus Criador: Pai – Filho – Espírito. Devemos pedir a Deus que aumente o nosso entendimento tanto do céu quanto do inferno, porque estas duas realidades são motivações poderosas para o nosso trabalho.

 Passe tempo em oração sobre os temas abaixo. Se possível, ore usando linguagens artísticas como pintar, desenhar, dançar, dramatizar, cantar, contar histórias, ou alguma outra forma conhecida.

 Ouça a Deus, e então responda a ele. Converse com ele sobre as coisas que mais empolgam você nestas discussões, e sobre aquelas coisas que lhe dão mais receio ou preocupação.

 Pense em tempos ou eventos na sua vida que levaram você ao ponto em que você está agora, especialmente no tocante ao seu envolvimento com as artes no reino do Céu.

CRIAÇÃO CONJUNTA DE ARTES LOCAIS (CCAL): RESUMO

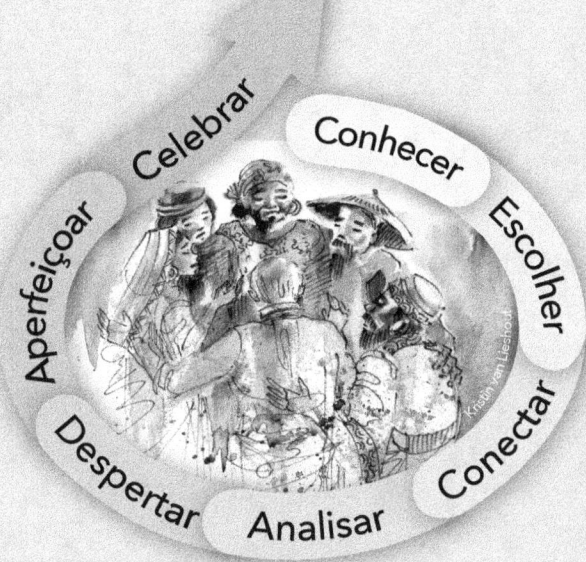

O processo CCAL demonstra como assistir as comunidades na utilização das suas próprias artes para alcançar propósitos do reino de Deus. Há sete passos básicos neste processo. Você também pode pensar nesses passos como sete conversas. O método CCAL é apoiado pela pesquisa, o que requer um aprendizado constante. Os passos são:

Conhecer a Comunidade e as suas Artes. Investigar os recursos artísticos e sociais que existem na comunidade.

Escolher os Alvos do Reino. Identificar os alvos do reino que a comunidade quer alcançar.

Conectar os Gêneros com os Alvos. Escolher um gênero artístico que possa ajudar a comunidade a alcançar os alvos do Reino. Escolher atividades que possam resultar em uma criatividade significativa naquele gênero.

Analisar Gêneros e Eventos. Descrever o evento como um todo. Descrever as formas artísticas em termos das artes que representam. Relacionar a forma artística com o seu contexto cultural mais amplo. Conhecer detalhadamente as formas artísticas é crucial para despertar a criatividade para aperfeiçoar as obras já, como também é necessário para integrar novas criações na comunidade.

Despertar a Criatividade. Implementar as atividades que a comunidade escolheu para inspirar a criatividade dentro do gênero artístico selecionado.

Aperfeiçoar os Resultados. Avaliar os resultados das atividades feitas no passo anterior com o objetivo de melhorá-las.

Celebrar e Integrar para Continuidade. Planejar e programar maneiras para que esta nova criatividade continue no futuro. Identificar outros contextos onde as antigas e novas artes podem ser apresentadas.

Figura 4. Criação Conjunta de Artes Locais (CCAL): Resumo

PASSO 1

CONHECER A COMUNIDADE E SUAS ARTES

O Passo 1 mostra o processo de conhecer e descrever a comunidade e as suas artes. No início do seu trabalho com a comunidade, a observação (pesquisa) é muito importante. Você deverá compreender o máximo possível sobre a comunidade e as suas artes. A arte está incluída neste contexto social, por isso, aprender sobre a comunidade ajudará você a entender a sua arte.

Qual é a comunidade na qual você está focando? Nossa definição de comunidade é a seguinte: comunidade é uma sociedade que compartilha uma mesma história de eventos, personagens e ideias provenientes de um passado comum. Todos conhecem e podem fazer referência a estes eventos, personagens e ideias. Estas experiências compartilhadas dão aos membros da comunidade uma razão para permanecerem unidos, pois também compartilham uma mesma identidade. Esta identidade tem indicadores próprios em cada comunidade, que a diferencia de outros grupos sociais, podendo ser: idioma, comida, roupa, religião ou desafios compartilhados.

As comunidades também compartilham padrões de interação. Alguns exemplos destes padrões são rituais, festas, tipos de moradia, bem como padrões e símbolos visuais e táteis.

É verdade que cada comunidade tem uma história, uma identidade e maneira de interagir característicos, porém nunca esqueça que as comunidades estão em constante mudança. Elas são compostas de indivíduos que vêm e vão, tomam suas próprias decisões e respondem de forma diferente às muitas situações que enfrentam.

Ao começar a pesquisar a comunidade-alvo, escreva todas as suas observações em um único lugar. Nós preparamos o *Perfil de Artes da Comunidade* (PAC) que lhe ajudará a fazer isso. O PAC é um documento que serve como base de dados onde você vai registrar toda a informação que você obtiver tanto sobre a comunidade quanto sobre suas artes. (Ver Anexo 3, pág. 92).

Olhar inicial na comunidade

Um olhar inicial na comunidade ajudará você a entender o contexto certo para o desenvolvimento e a apresentação da arte. É impossível a arte existir totalmente isolada, ela sempre está inserida em algum contexto. Portanto, recolha informação básica sobre a localização geográfica, língua, indicadores de identidade e meios de comunicação da comunidade.

Você deve delimitar a abrangência (ou escopo) de sua pesquisa. Você vai estudar somente um clã que vive numa certa aldeia ou todos os habitantes de uma determinada região que falam a mesma língua? Faça suas descrições a partir do maior número possível de pontos de vista. Os pontos no quadro abaixo podem servir de guia para as suas investigações. Além desses pontos, também existem outras maneiras de você obter informação:

- Peça que amigos, líderes e outros contatos da comunidade lhe indiquem os recursos disponíveis, inclusive pessoas.
- Observe como os membros da comunidade têm se apresentado em livros, artigos, gravações em vídeo e áudio e outras formas de mídia.
- Leia pesquisas acadêmicas, livros, enciclopédias e outros recursos para ver o que outras pessoas têm dito a respeito da comunidade.

 Escreva uma descrição preliminar da comunidade com a qual vai trabalhar. Inclua os seguintes tópicos: localização; população; aparência das pessoas; histórias e identidades compartilhadas; mudança cultural ao longo do tempo.

ESTUDANDO A COMUNIDADE: PERGUNTAS DE ORIENTAÇÃO

Onde fica a comunidade e quantas pessoas fazem parte dela? Inclua não apenas informação da comunidade local, mas também sua localização mais ampla, como cidades próximas, estado e país a que pertence.

O que une a comunidade? Possíveis respostas podem ser idioma, geografia, identidade étnica e estrutura social.

Como, e com que frequência, as pessoas se comunicam umas com as outras? Esta pergunta aborda temas como idiomas e modos de comunicação (pessoalmente, telefone, mídia social eletrônica e outros.)

Como eles chegaram a este local? Identifique importantes eventos históricos e padrões sociais que conduziram a comunidade à sua localização geográfica atual e que influenciaram em sua identidade.

Figura 5. Estudando a Comunidade: Perguntas de Orientação

Olhar inicial nas Artes da Comunidade

Nós ajudamos as comunidades a criarem novas artes a partir de recursos artísticos que elas já possuem. De fato, a utilização dos recursos existentes é o componente central do nosso método. Portanto, uma das primeiras tarefas é fazer uma lista das artes que são praticadas na comunidade.

Descobrindo e Reconhecendo Gêneros artísticos

Cada comunidade tem um catálogo único com variados tipos de artes e cada comunidade coloca significados únicos em cada tipo de arte, com significados específicos que são associados a cada gênero artístico. O termo "gênero artístico" é definido neste manual como uma categoria das artes de uma determinada comunidade. Ele carrega um conjunto de características básicas, práticas de execução e significados sociais. O gênero pode fazer uso de múltiplos domínios artísticos conhecidos no contexto Euro-Americano.

As categorias de artes que você usa provavelmente serão diferentes das categorias de artes que a comunidade usa. Então o que se pode fazer para descobrir essas novas categorias? Felizmente, há algumas características, encontradas em todas as artes pelo mundo inteiro, que podem nos ajudar em nossa pesquisa.

A primeira dessas características é que as culturas frequentemente celebram importantes eventos e transições sociais com comunicação artística. Você deve estudar os eventos associados ao ciclo da vida, história, atividades, cerimônias e natureza. Se você puder identificar os rituais e os eventos especiais que existem na comunidade, você poderá descobrir as artes ligadas a eles.

A segunda característica das artes em geral é que a comunicação artística difere de outros tipos de comunicação por ser mais estilizada. Por isso você deve observar quando as pessoas usam movimentos padronizados (em danças), cantam, dramatizam, pintam, falam com ritmos ou rimas diferentes, ou quando estão fazendo uma apresentação especial (como em um palco, por exemplo). Provavelmente estas características vão lhe ajudar a identificar os gêneros artísticos. A atividade "Faça uma Pequena Lista de Gêneros Artísticos" usa estas características singulares das artes para lhe ajudar a iniciar o trabalho.

> **COMO RECONHECER ATOS DE COMUNICAÇÃO ARTÍSTICA**
>
> **As artes podem ser praticadas num contexto específico**
> O evento artístico se distingue da atividade diária por certos elementos como horário do dia, lugar, linguagem, participantes e outros.
>
> **As artes podem aumentar ou diminuir a quantidade de informação transmitida**
> Certos tipos de poesia, por exemplo, transmitem muita informação com poucas palavras. Outras formas de expressão artística, porém, aumentam a informação através do ambiente, da música e da repetição.
>
> **As artes podem exigir um conhecimento especializado**
> Às vezes existem terminologia ou significados alternativos de palavras que são específicos a um determinado gênero artístico.
>
> **As artes apresentam uma forma estrutural distinta**
> Frequentemente as expressões artísticas têm certas restrições em sua forma que não acompanham a comunicação diária.
>
> **As artes podem produzir respostas incomuns**
> Normalmente as expressões artísticas produzem uma forte resposta física ou emocional por parte das pessoas que as experimentam.
>
> **As artes podem requerer uma habilidade singular**
> As expressões artísticas muitas vezes requerem treinamento especializado para acontecerem; nem todas as pessoas podem fazê-las.

Figura 6. Como Reconhecer Atos de Comunicação Artística

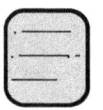

Fazer uma Pequena Lista dos Gêneros Artísticos

Para fazer uma lista inicial de gêneros artísticos, você deve reunir algumas pessoas da comunidade e fazer perguntas como as seguintes:

- Em quais momentos as pessoas desta comunidade cantam, tocam instrumentos, dançam, contam histórias, dramatizam, fazem esculturas, pintam, usam seus corpos de maneira incomum, participam de jogos, constroem estruturas? Lembre-se de que toda cultura classifica suas formas de comunicação artística e se refere a elas de maneira única, por isso é imprescindível que você aprenda o vocabulário que o povo usa para se referir às artes.

- As pessoas desta comunidade fazem alguma coisa especial quando uma criança nasce, ou quando alguém morre, para marcar passagem da infância para a vida adulta? Para cada resposta afirmativa, peça que os membros do grupo descrevam as atividades diferenciadas ocorridas e registre todas as artes envolvidas.

Ao listar cada evento artístico escreva algumas das suas características básicas:

- Nome local do evento e uma breve descrição.
- Pessoas envolvidas (homens, mulheres, jovens, crianças, especialistas, grupo socioeconômico, etc.)
- Quando é realizado (em eventos, dias determinados, estações, meses, horários do dia, etc.)
- Conotações e associações (celebração, fertilidade, adoração, morte, etc.)
- Efeitos nos participantes (orgulho em sua identidade; sentimento de solidariedade, cobiça, temor ou coragem; motivação para agir; lembrar informação crucial para a vida, etc.)

Passo 1

- Instituições e organizações que são associados com o gênero (igreja, departamento governamental, grupos comunitários, clube, etc.)

Não fique preocupado em obter todos os detalhes durante esta pesquisa inicial. Você pode acrescentar mais informação durante seu processo de aprendizado.

 Coloque as Informações Básicas dos Gêneros em uma Tabela Comparativa

No Passo 3, os membros da comunidade avaliarão cada gênero quanto à possibilidade de utilizá-lo para alcançar alvos do reino. Esta tabela os ajudará a fazer esta tarefa. Comece a preenchê-la agora e adicione mais informação à medida que for sendo necessário. A Figura 7 demonstra uma tabela com informações das artes Mono (República Democrática do Congo).

Gênero	Breve Descrição	Evento	Participantes	Conotações	Efeitos	Instituições
gaza aga	Dança da circuncisão masculina	Ritual da circuncisão masculina	Rapazes jovens	Guerra	Ensinar a lutar, dar coragem	Ngakoala – Juízes Mono
Nzembo na Nzambe	Hinos europeus traduzidos para a língua Lingala	Reuniões da igreja	Membros da igreja	Crença, fé, missionários	solidariedade	Igreja protestante
gbaguru	Canções de sabedoria	Contextos particulares	Harpa, Cantores, instrumentistas e audiência	Sabedoria e conselho	Motivação para agir sabiamente	nenhuma
Nganga	Canções para zhugwa, deus da caça	Durante a caça	caçadores	zhugwa	Dar coragem e esperança de sucesso	nenhuma
agbolo	Cânticos lúdicos infantis	Quando as crianças brincam	crianças	Divertimento, liberdade	Prazer, solidariedade	nenhuma

Figura 7. Tabela de Comparação de Gênero Mono (RD Congo)

Comece a explorar a vida social e conceitos básicos da comunidade

É importante desenvolver uma compreensão bastante abrangente da comunidade. Esta compreensão, no entanto, só virá através de um estudo antropológico. A seguir, listamos alguns temas de pesquisa que serão úteis para uma melhor compreensão das artes da comunidade: como o povo usa a sua língua; como as pessoas se relacionam em grupos sociais, especialmente a família; como conseguem o que precisam para viver (comida, abrigo, saúde, educação); diferenças de status ou poder entre o povo; crenças e atividades religiosas; e cosmovisão. Uma pesquisa detalhada nestas áreas não é a proposta deste manual, porém recomendamos fortemente que você aprenda a fazer este tipo de pesquisa, ou encontre alguém que possa fazê-lo.

Continue a Sua Pesquisa

Lembre-se que nunca vamos compreender tudo o que há para se saber sobre a comunidade, e por isso você deve continuar sempre aprendendo. Alguns dos melhores métodos de aprendizado foram desenvolvidos por antropólogos e você também pode aprendê-los. Estes meios incluem a observação com a participação (observação participante), o aprendizado de uma forma artística que lhe é nova, perguntas (entrevistas), anotações pessoais, gravação de um evento em vídeo ou áudio para estudar depois e fotografia. Procure alguém que possa instruí-lo nestes métodos, por meio de aulas, livros ou oficinas.

Finalmente, queremos que todas as nossas interações com as pessoas sejam guiadas pelo amor. Em toda a sua investigação, demonstre amor, humildade, generosidade e um sincero desejo pelo bem-estar da comunidade.

PASSO 2

ESCOLHER OS ALVOS DO REINO

Nosso alvo como seguidores de Cristo é ver o reino de Deus manifestado aqui na terra. Queremos que o reino de Deus seja refletido o máximo possível aqui na terra, mas ao mesmo tempo sabemos que só vamos experimentar este reino na sua plenitude quando chegarmos ao céu. Todas as comunidades querem, de alguma forma, uma vida melhor. Muitas vezes os membros de uma determinada comunidade se esforçam, ainda que inconscientemente, para alcançar o reino de Deus, e você pode ajudá-los nessa tarefa. O termo "Alvos do Reino" nos ajuda a reconhecer as muitas maneiras em que Deus pode se revelar no mundo.

No Passo 2, nós apresentamos inicialmente algumas das maneiras de como Deus pode se manifestar. Depois, nós lhe conduzimos para que você dê assistência à comunidade na decisão do alvo (ou dos alvos) que seus membros desejam alcançar.

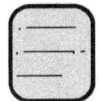 Para cada categoria de alvos do reino, dê um exemplo que reflita aquele alvo e sugira outros tipos de alvos do reino.

Categorias de Alvos do Reino: Identidade e Sustentabilidade

Valorização da Identidade

Onde o Reino de Deus prospera, a comunidade valoriza a sua cultura.

Em muitos lugares, os membros de grupos minoritários valorizam mais as coisas de outros povos grupos do que as suas próprias. Desprezam a utilidade, a beleza e o valor intrínseco de sua própria cultura. No entanto, "Deus Criou o homem à sua imagem" (Gn 1:27).

É correto, saudável e santo as pessoas valorizarem os bons aspectos de sua cultura. Quanto mais os membros de uma comunidade valorizam a sua própria cultura de forma adequada, mais o reino de Deus prospera entre eles. Além disso, os gêneros artísticos de uma comunidade representam alguns dos aspectos mais característicos e valiosos de sua cultura. Se os membros da comunidade não conseguem ver nada de bom nas suas próprias artes, não irão usá-las para adorar a Deus nem para comunicar a verdade uns aos outros. Queremos explorar meios pelos quais a comunidade pode assegurar e valorizar seus recursos artísticos. Depois, desejamos descobrir como a comunidade poderá criar obras novas, obras estas que promoverão uma identidade cultural forte e sadia.

Ensino Infantil

Onde o reino de Deus prospera, as pessoas ensinam suas tradições às crianças.

Um dos indicadores de que uma comunidade tem uma identidade saudável é que seus membros ensinam as partes boas de sua cultura aos seus filhos e netos. A saúde cultural da comunidade será determinada pelo conteúdo do conhecimento artístico e pelo padrão de como este conhecimento é transmitido.

Uso de Mídia

Onde o reino de Deus prospera, a comunidade tem a oportunidade de divulgar seus valores pela mídia local, regional e global.

Pelo mundo inteiro, as pessoas estão sempre descobrindo novos meios de se comunicarem umas com as outras. A comunidade cujos membros têm uma autoestima apropriada aprecia receber e aprender as comunicações artísticas de outros grupos. Ela também contribui com gravações de suas próprias artes através de mídia local, regional e global.

Categoria de Alvos do Reino: Shalom

Jesus viveu entre os homens para que seus seguidores pudessem viver uma vida abundante (Jo 10:10). Ele veio para que seus seguidores tivessem paz (Jo 14:27). A palavra hebraica shalom corresponde a essa paz que ele prometeu: um estado de paz, plenitude, harmonia social, justiça e saúde. Bryant Myers sugere que embora "o shalom e a vida abundante sejam ideais que não vamos ver antes da segunda vinda, a visão de um shalom que leva a uma vida plena é uma imagem poderosa que deve moldar a nossa compreensão de um futuro melhor para a humanidade"[9]

Cura

Onde o reino de Deus prospera, a comunidade responde aos problemas enfrentados com cura e restauração.

São terríveis as forças que se levantam contra o shalom: guerra, desastres naturais, exploração sexual, doença, escravidão, fome e sede. Uma comunidade que demonstra características do reino de Deus tem membros que respondem a estas dificuldades com cura e restauração. A atividade artística é essencial para o crescimento do shalom. Dá esperança aos que sofrem, cria solidariedade dentro da comunidade e ajuda o processo de cura física e emocional.

---

[9] Bryant L. Myers, Walking with the Poor: Principles and Practices of Transformational Development (Maryknoll, NY: Orbis, 1999), 51.

Reconciliação

Onde o reino de Deus prospera, os membros da comunidade se reconciliam uns com os outros e também com as outras comunidades.

A comunicação artística nos ajuda a abrir os braços uns aos outros. Cria um senso de unidade fundamentada em algo muito maior do que as nossas histórias. Para se cantar e dançar juntos é necessário que haja coordenação de som e movimento dos participantes. A alegria, o prazer e a solidariedade resultantes das artes estabelecem uma nova confiança e nos fazem levantar nossos olhos da nossa dor para contemplarmos as verdades divinas. As formas artísticas de comunicação nos levam a poderosos momentos de arrependimento, perdão, solidariedade, amor e reconciliação permanente.

Categorias de Alvos do Reino: Justiça

Justiça Social

Onde o reino de Deus prospera, a comunidade ama e fortalece os pobres e os marginalizados.

Nas Escrituras, Deus diz clara e repetidamente que ele se preocupa com aqueles que não têm poder. Ele destaca os órfãos, as viúvas, os estrangeiros (Dt 10:18; Tg 1:27) e aqueles que não têm dinheiro suficiente (Dt 15:7,8; Sl 9:18; Lc 4:18; 6:20). Ele se interessa pelos que são oprimidos política e socialmente (Ne 9:15; Lc 1:46-55), pelos prisioneiros (Sl 146:7) e pelos famintos e desabrigados (Is 58:6-11; Mt 25:34-40). Jesus fez questão de dizer aos pobres que o reino de Deus era deles (Lc 6:20-26). Deus mostra como a dureza e o pecado dos poderosos frequentemente resultam na injustiça para com os marginalizados (Sl 12:5; 35:10; 72:12-14; Pv 22:22,23; Is 10:1-3).

Em resposta a estas realidades, Deus diz àqueles que têm recursos para serem generosos (Dt 15:7,8; Pv 11:24,25; Rm 12:13; 2 Co 9:6-13; Tg 2:15-17). Ele diz que eles devem demonstrar bondade aos marginalizados (Pv 14:31), defendendo-os (Pv 3:.8,9) e acabando com os sistemas que os mantêm oprimidos (Is 58:6-11). As comunidades podem usar as suas artes para trabalhar para a justiça do Reino. Elas podem dar esperança, podem falar verdades incômodas para aqueles que estão no poder e podem estimular solidariedade.

Educação

Onde o reino de Deus prospera, os membros da comunidade aprendem o que é necessário para o sucesso e progresso da sua sociedade.

Aquelas comunidades cujos membros não valorizam muito a sua própria identidade frequentemente têm fracos sistemas educacionais. A rápida mudança social pode deixar as pessoas sem o conhecimento ou treinamento necessário para prosperar. As artes são poderosos sistemas de comunicação, e por isso podem ser incluídas em todos os contextos de ensino e educação.

Alfabetização

Onde o reino de Deus prospera, a comunidade lê e ouve a Bíblia e outras obras literárias.

Os membros de uma comunidade que demonstra características do reino de Deus têm acesso às Escrituras bem como à outras obras literárias em forma auditiva e escrita. É importante que na comunidade tenham pessoas que saibam ler, escrever e que estejam dispostas a ouvir. Os alvos da alfabetização estão relacionados a questões técnicas (como a compreensão da estrutura da língua) e sociais (o desejo e a capacidade de ler e escrever na língua). Todas as formas artísticas, tanto aquelas que contêm componentes linguísticos (canções, drama, histórias, provérbios e charadas) como aquelas que não contêm estes elementos (dança, artes visuais), contribuirão para os alvos da alfabetização.

Oportunidades Econômicas

Onde o reino de Deus prospera, todos os membros da comunidade podem trabalhar em prol do seu bem-estar material.

As Escrituras mostram que os seres humanos foram feitos para trabalhar. Deus criou o universo (Gn 1), e deu a Adão a responsabilidade de cuidar do jardim do Éden (Gn 2:15). Eles receberam a ordem para serem produtivos (Pv 18:9; Cl 3:23; 2Ts 3:10; 1Tm 5:18) e que fossem recompensados pelo seu trabalho (1Tm 5:18). Os membros de uma comunidade marcada pelo reino de Deus têm oportunidades de se envolver em um trabalho significativo e, ao mesmo tempo, materialmente significante. Os artistas se beneficiam de suas atividades quando as pessoas pagam por suas apresentações/obras de arte. A comunicação artística pode promover o comércio através da propaganda, também pode motivar e coordenar trabalhadores. A comunidade próspera valoriza e recompensa as contribuições que seus artistas dão para o seu bem-estar material.

Categoria de Alvos do Reino: Escrituras

Tradução das Escrituras

Onde o reino de Deus prospera, a comunidade traduz as Escrituras.

Uma comunidade que demonstra características do reino de Deus tem membros que conhecem a mensagem de Deus comunicada por meio das Escrituras. Primeiro, os membros da comunidade precisam ter acesso a uma tradução da Bíblia que é fiel aos documentos originais. Esta tradução deve comunicar de maneira clara à maioria da população da comunidade. Precisa apresentar o texto de maneira apropriada e penetrante no idioma local. A tradução também deve ser facilmente acessível a várias tradições cristãs. Deve ser fácil de reproduzir em formas de comunicação oral. A Bíblia está cheia de formas artísticas de comunicação (parábolas, provérbios, histórias, canções e poesia). Uma boa compreensão dos gêneros artísticos locais pode ajudar a comunidade no processo de tradução das Escrituras.

Narrativas Bíblicas

Onde o reino de Deus prospera, a comunidade tem acesso às Escrituras em formatos que lhe são familiares.

Uma comunidade marcada pelo reino de Deus tem acesso às Escrituras em diferentes formatos. Formas artísticas locais, especialmente aquelas usadas para contar histórias, podem ter um papel chave na integração das Escrituras na vida da comunidade.

Categoria: Vida da Igreja

Adoração Comunitária

Onde o reino de Deus prospera, os seguidores de Cristo se reúnem para adorar de modo que estabelecem uma profunda comunicação com Deus e uns com os outros.

A adoração bíblica é uma vida totalmente entregue a Deus (Rm 12:1,2). Isso significa que a pessoa decide viver cada momento de sua vida para a glória de Deus e não para sua própria honra. Uma vida de adoração a Deus inclui um tempo específico para reunir-se com outros cristãos para louvar a Deus de forma sincera e ter comunhão com Ele (Sl 95:6; 96:9; At 2:42; Hb 10:24,25; Ap 19:10). As artes locais fornecem meios não somente para adorar a Deus, como também para ouvi-lo. As artes nos ajudam a louvar a Deus com todo o nosso coração, toda a nossa alma, todas as nossas forças e toda a nossa mente (Sl 100:2; Mc 12:29,30). Jesus ensina que não importa onde adoramos, contanto que O adoremos em espírito e em verdade (Jo 4:21-24). Este ensinamento de Jesus abre a porta para pessoas de todas as nações e todos os idiomas usarem suas próprias formas de comunicação artística para louvarem e honrarem a Deus.

Formação Espiritual

Onde o reino de Deus é forte, os seguidores de Cristo crescem no seu conhecimento e em sua experiência com Deus, na sua obediência a Deus e em características e hábitos que refletem a Deus.

As formas artísticas de comunicação fortalecem e dão estrutura ao treinamento espiritual tanto formal quanto informal e também ajudam na área de aconselhamento e discipulado.

Estudo e Memorização das Escrituras

Onde o reino de Deus prospera, a comunidade entende e lembra-se das Escrituras.

Uma comunidade que demonstra cada vez mais as características do reino de Deus tem membros que estudam, lembram e compreendem as Escrituras. Pesquisas indicam que memorizar palavras através de canção e/ou gestos envolve várias áreas do cérebro. Portanto, quanto mais maneiras usarmos para aprender as Escrituras – inclusive as artes locais – mais seremos capazes de lembrar delas.

Ritos Cristãos

Onde o reino de Deus é forte, as pessoas marcam momentos importantes com profundos e significativos eventos espirituais

Casamentos, Comunhão ou Eucaristia são alguns dos momentos importantes da igreja. Sepultamentos, ritos de passagem, e/ou festas relacionadas à agricultura também constituem ocasiões significativas. Formas artísticas de comunicação indicam que estes eventos são especiais. As expressões artísticas fornecem uma continuidade histórica para estes momentos utilizando formas e elementos específicos. Elas nos possibilitam meios de nos comunicar com Deus de forma completa (holística).

Testemunho

Onde o reino de Deus prospera, os membros não cristãos da comunidade aprendem sobre Deus.

Os membros de uma comunidade que manifesta características do reino de Deus aprendem que ele é o Criador e o Salvador. As artes locais estão frequentemente entrelaçadas com atividades específicas e cotidianas, exclusivas de uma sociedade. Marcam eventos importantes na vida das pessoas e fazem parte tanto da interação social quanto da diversão. O ensino também inclui artes locais. Por causa desta ligação tão íntima da expressão artística local com a vida diária, a comunicação artística é um meio poderoso para comunicar as verdades sobre Deus.

Categoria de Alvos do Reino: Vida Espiritual Pessoal

Crescimento Espiritual

Onde o reino de Deus prospera, os seguidores de Cristo experimentam um verdadeiro crescimento espiritual.

Nos lugares onde o reino de Deus é forte, os seguidores de Cristo crescem no seu conhecimento, na obediência e na sua experiência com Deus, e o fruto do Espírito é produzido neles. As formas artísticas de comunicação dão a estrutura não só para o treinamento espiritual formal e informal, mas também para o discipulado.

Oração e Meditação

Quando o reino de Deus prospera, os indivíduos têm uma vida ativa de oração.

Uma comunidade que demonstra características do reino de Deus tem seguidores de Cristo que se comunicam com Deus frequentemente e de todo coração. A expressão artística pode contribuir para esta comunicação por ser agradável e também por estar profundamente relacionada com as emoções e desejos das pessoas.

Estudo Bíblico

Onde o reino de Deus prospera, os indivíduos examinam as Escrituras fiel e cuidadosamente.

Uma comunidade que exibe características do reino de Deus tem membros que examinam as Escrituras com fidelidade e precisão. Integram formas de comunicação artística no seu estudo bíblico pessoal e por isso recordam, compreendem e são transformados pela palavra de Deus.

Aplicação das Escrituras

Onde o reino de Deus prospera, os membros da comunidade aplicam a Bíblia às suas vidas.

Em uma comunidade que demonstra mais e mais características do reino de Deus as pessoas aplicam os ensinamentos das Escrituras às suas experiências diárias. A Bíblia foi escrita por pessoas de diversas culturas ao longo de várias épocas. Como um cristão pode aplicá-la corretamente à sua vida hoje, nas muitas culturas que existem? A comunicação artística local ajuda as pessoas a vincularem as verdades das Escrituras com as suas vidas de forma memorável e animadora.

Se você não estiver trabalhando com cristãos, a comunidade onde você está não será motivada a lutar para o alcance de objetivos descritos em termos de alvos do reino de Deus. Contudo, todos os seres humanos são criados à imagem de Deus, e por isso todos nós desejamos paz, saúde, alegria, sentido para vida e justiça. Seria possível você chamar estes atributos de "Marcas de um Futuro Melhor". Portanto, quando uma comunidade quer estas coisas, podemos ajudá-los de acordo com as nossas habilidades e vocação. Se estamos trabalhando com uma igreja local, os alvos incluirão naturalmente um relacionamento mais profundo com Deus. O verdadeiro Rei do reino de Deus é Jesus. Enquanto trabalhamos com pessoas ou comunidades que não conhecem a Jesus, nosso amor e nossas palavras podem levá-los a Ele.

Passos para determinar os alvos do reino

Ter uma lista de alvos do reino e saber quais desses alvos a comunidade quer alcançar são dois aspectos separados do nosso trabalho. Deve-se cooperar com a comunidade para determinar: 1) os alvos que são importantes e 2) identificar quais destes alvos ela deseja alcançar. A criação conjunta envolve um processo contínuo de identificar e modificar os alvos da comunidade. Siga os passos a seguir para começar este processo.

Conversar com pessoas.

Organizações sociais (como organizações governamentais, igrejas, mesquitas, bancos ou conferências) são bons lugares para encontrar pessoas com quem você pode iniciar esta conversa. Para completar esta atividade, você pode querer reunir um grupo pequeno de pessoas que representem diversas partes da comunidade.

Pesquisar e identificar os pontos fortes e as aspirações da comunidade.

Pergunte aos membros da comunidade o que eles estão fazendo bem e quais são seus planos para seus filhos, para si mesmos e para a comunidade. O quadro de pontos fortes e aspirações identifica a presença de sinais específicos do reino, ou pelo menos a esperança de tê-los.

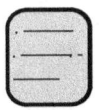

Relacionar cada ponto forte ou aspiração com algum alvo do reino.

Para facilitar a referência, registre estas informações num quadro como o exemplo abaixo:

Pontos fortes e Aspirações	Alvos do Reino
Respeito entre gerações	Identidade e Sustentabilidade
Celebração	Identidade e Sustentabilidade
Hospitalidade	Shalom

Tabela de Pontos Fortes e Aspirações

Listar os problemas da comunidade.

Pergunte sobre as dificuldades que a comunidade enfrenta. Procure descobrir as coisas que preocupam seus membros. Pergunte o que é pior na comunidade hoje em dia se comparado com cinco, dez, ou vinte anos atrás. Registre as respostas num quadro (veja exemplo abaixo) para ver mais facilmente como estes problemas se relacionam com os alvos do reino. O quadro de problemas identifica a ausência de certos sinais do reino.

Problemas	Alvos do Reino
Doença: HIV/AIDS, malária	Shalom
Guerra, crime, violência	Shalom
Conflito de gerações, perda de tradição	Identidade e Sustentabilidade
Medo da morte	Vida Espiritual Pessoal
Exploração: escravidão, prostituição	Justiça
Analfabetismo	Justiça
Falta de acesso à bíblia	Escrituras
Fraco crescimento espiritual	Vida Espiritual Pessoal
Falta de união na comunidade cristã	Vida da Igreja
Alguns grupos são excluídos da comunhão	Vida da Igreja
Falta de comunhão com Deus	Vida Espiritual Pessoal
Fraca educação	Justiça
Fome	Justiça

Escolher um alvo.

Discuta qual das dificuldades a comunidade tem mais urgência e desejo de resolver. Avalie com eles qual seria.

Escreva claramente os seus resultados do Passo 2.

Registre o alvo escolhido no seguinte formato, completando com o nome da comunidade e com o seu alvo abaixo:

_____
NOME DA COMUNIDADE

escolheu

_____.
NOME DO ALVO DO REINO.

PASSO 3

CONECTAR OS GÊNEROS COM OS ALVOS

Depois que os membros da comunidade tiverem identificado seus alvos, precisam resolver como as suas artes poderão ajudá-los no alcance dos mesmos. Cada um dos gêneros artísticos é especialmente apropriado para a comunicação de certo tipo de assunto. Cada gênero também produz efeitos específicos. Esta seção demonstra quais são os passos para selecionar os gêneros apropriados para propósitos específicos para então, conectá-los com os alvos do Reino.

1. **Viabilidade** – Existem meios que permitam a execução do gênero? Por exemplo, existem pessoas que saibam fazer isso?
2. **Conotações, Efeitos, Eventos** – A execução deste gênero vai ajudar as pessoas a pensarem, sentirem e agirem em direção ao alvo do Reino escolhido? Em que evento isso deve ocorrer?
3. **Conteúdo** – Que conteúdo irá contribuir para os efeitos desejados? Há possibilidade de as conotações excederem ou diminuírem os efeitos desejados?

Definir quais são os efeitos desejados da nova obra artística

Qual é o efeito que as novas obras de arte devem produzir na comunidade? Veja abaixo alguns exemplos.

Que os membros da comunidade possam:

- entender uma mensagem importante;
- agir de modo diferente;
- mudar algum comportamento que é perigoso ou indesejável;

- criar algo novo;
- pensar de modo diferente;
- desenvolver solidariedade com os outros;
- ter esperança, alegria, arrependimento, exaltação, paz, satisfação, alívio, empatia, surpresa, ou outras emoções.

 Discutir juntos quais as mudanças que as pessoas querem ver na sua comunidade a fim de que elas se aproximem mais dos alvos do reino. Escreva os resultados de sua discussão.

Escolher o conteúdo das novas obras de arte

 Se os efeitos desejados dependem de as pessoas assimilarem novas ideias através das artes, é muito importante que estas novas ideias sejam confiáveis.

Para isso, deve-se estudar corretamente o conteúdo para garantir que a mensagem transmitida seja verdadeira. Se a mensagem for a respeito da prevenção da malária, por exemplo, assegure-se de que os fatos sejam verdadeiros quanto à prevenção da malária. Se necessário, fale com profissionais de saúde na sua região. No caso das Escrituras, estude a passagem bíblica antes de criar uma mensagem baseada nesta passagem. Fale com Deus e converse com estudiosos ou tradutores da Bíblia e também com outros artistas e líderes sobre o conteúdo que você elaborou.

Juntos, discutam escrevam a resposta às seguintes perguntas:
- Qual é o conteúdo que queremos comunicar?
- Como podemos garantir que este conteúdo seja confiável?

Escolher o gênero artístico mais apropriado para transmitir o conteúdo e produzir os efeitos desejados

 Cada gênero artístico tem características que influenciam as mensagens transmitidas e os efeitos produzidos. Revisem juntos a lista de gêneros elaborada no **Passo 1**. Revisem a Tabela Comparativa de Gêneros que você formulou, adicionando a ela as informações necessárias.

Pergunte a respeito de cada gênero:

- Uma nova obra artística neste gênero produziria os efeitos escolhidos? Se não, por quê?

Gênero	Descrição	Evento	Participantes	Conotações	Efeitos	Instituições

Figura 8. Visão simplificada de como conectar os Gêneros com os Alvos

- Uma nova obra artística neste gênero transmitiria o conteúdo que escolhemos de forma efetiva e precisa? Se não, por quê?

Reduza a lista a um ou dois dos melhores gêneros que poderiam gerar as mudanças desejadas e comunicar o seu conteúdo.

Todos os gêneros artísticos têm características que podem ser redimidas para os propósitos de Deus. Contudo, nem todos os gêneros são apropriados em certos momentos da vida da comunidade. Procure estimular todos os participantes a orarem pedindo a sabedoria do Espírito Santo. Não se deve forçar o uso de um gênero para novos propósitos na comunidade a não ser que os líderes envolvidos vejam que isto é uma boa ideia. É importante ter certeza e orientação da parte de Deus para as atividades que você vai fazer.

Faça uma tempestade de ideias pensando em possíveis eventos onde novas obras poderiam ser apresentadas.

Antes de planejar como criar novas obras em certo gênero, você deve levar em consideração os contextos apropriados para a sua apresentação. Também é importante considerar se as novas obras do gênero escolhido comunicarão adequadamente. Veja alguns contextos de comunicação no quadro abaixo.

Façam o seguinte:

- Façam uma lista de tipos de eventos que poderiam ter novas obras no gênero artístico escolhido.
- Pensem novamente nas escolhas que vocês fizeram até este ponto: efeitos desejados, conteúdo a ser transmitido (mensagens) e gênero artístico.
- Escolham alguns dos tipos de eventos que surgiram durante a sua discussão e descrevam resumidamente quais são seus componentes de comunicação:
    o Quem são os artistas envolvidos na comunicação artística?
    o Quando e onde tal evento acontece?
    o Através de quais sentidos os participantes vão ter acesso ao conteúdo?
    o Como o gênero influencia a mensagem recebida pelas pessoas?
    o A expressão artística produzirá os efeitos desejados nas pessoas que a experimentarem?
    o Como os participantes reagem aos artistas envolvidos?
    o Escolham um evento onde seria possível apresentar a nova obra.

Artes da Comunidade para os Propósitos de Deus

Escrever seus resultados para o Passo 3 da seguinte maneira:

A _____ vai preparar um
      NOME DA COMUNIDADE

_____ que será executado no
      NOME DO GÊNERO

_____ falando sobre
      NOME DO EVENTO

_____ para produzir
      O CONTEÚDO

_____ que ajudarão
      DESCRIÇÃO DOS EFEITOS

_____ aproximar-se mais do
      NOME DA COMUNIDADE

_____ .
      ALVO DO REINO DE DEUS

PASSO 4

ANALISAR GÊNEROS E EVENTOS

Para criar uma nova obra que seja eficaz, precisamos entender bem o gênero de onde ela procede. O Passo 4 apresenta algumas ideias que ajudarão você a analisar minuciosamente o gênero. É importante lembrar que as formas artísticas, como todas as outras coisas do mundo, mudam com o tempo. Portanto, não considere as suas descrições como definitivas ou absolutas, pois amanhã a situação poderá ser diferente.

O Passo 4 contém estes componentes:[10]

- Escolha um evento artístico para analisar
- Olhar inicial em um evento como um todo
- Olhar inicial no(s) gênero(s) de um evento
- Aprofunde o seu entendimento das formas de um evento olhando através de sete lentes
- Associe o(os) gênero(s) do evento ao contexto cultural mais amplo
- Pesquise sobre as artes da igreja

Ao trabalhar no Passo 4, vai perceber que nem todas as atividades de pesquisa incluídas neste Manual são relevantes ao gênero artístico que você está estudando. Mesmo que fossem relevantes, não haveria tempo suficiente para fazer todas elas. É importante fazer sempre as atividades com o título "Olhar Inicial", porque elas

---

[10] Na versão original em inglês, publicada em 2013, *"Creating Local Arts Together"*, o Passo 4 está dividido em quatro sub-passos. Nós não seguimos esta organização nesta versão reduzida que você tem em mãos. Ao invés disso, nós incluímos os elementos mais pertinentes e acessíveis dos sub-passos 4A, 4C e 4D, deixando 4B – pesquisa sobre características artísticas complexas – para uma análise mais detalhada.

fornecem um bom entendimento do evento com um gasto relativamente pequeno de energia e tempo. Depois, escolha quaisquer outras atividades que você ache pertinente ou interessante. Estas atividades serão suficientes para você realizar algo útil.

CONSELHOS BÁSICOS PARA GRAVAÇÕES DE ÁUDIO E VÍDEO

Gravar as atividades artísticas pode ser um excelente recurso de auxílio para a sua memória. Entre outros benefícios, as gravações lhe permitem revisar o que aconteceu, notar coisas que não conseguiu ver originalmente, ouvir ou observar alguém dançar repetidas vezes para que possa aprender os movimentos. Damos aqui algumas ideias básicas para ajudá-lo a fazer gravações proveitosas.

- Você deve conseguir o **melhor equipamento** de gravação possível. A tecnologia sempre está mudando, e por isso é impossível nós dizermos aqui qual o equipamento que se deve adquirir. Peça orientação para pessoas familiarizadas com esta área e aprenda a usar bem aquilo que você comprar.
- É melhor fazer uma gravação ruim do que não gravar nada. Embora seja importante procurar desenvolver as suas habilidades de gravação, não deixe a sua falta de experiência impedi-lo de fazer isso.
- Leve equipamento extra. O equipamento falha quando você menos espera. Leve pilhas extras e quaisquer outros aparelhos que puder arranjar.
- Assegure-se de que o tipo de gravação que estiver fazendo cumprirá os seus propósitos. Se pretender submeter a gravação a um arquivo ou produtor de mídia, será necessário saber de antemão quais são seus critérios.
- Sempre peça permissão para a(s) pessoa(s) que você quer gravar. Diga a elas como você pretende usar as gravações, e depois pergunte se você tem licença ou não para fazer a gravação. Você pode registrar a resposta delas por escrito ou gravando-a em áudio.
- Você deve documentar todo o material gravado. Sua gravação será inútil se você tiver algum problema e ninguém souber nada a respeito dela. Por isso é importante descrever num caderno quando, onde, o que, e quem você gravou. Também pode gravar a sua própria voz dizendo: "Eu sou (próprio nome) gravando com (nome da pessoa gravada), em (nome do lugar), no dia (x)".

Figura 9. Conselhos Básicos para Gravação de Áudio e Vídeo

Escolha um Evento Artístico para Analisar

A primeira coisa a fazer é resolver qual o evento artístico que você quer estudar mais. É muito importante que você experimente pessoalmente as artes da comunidade para poder entendê-las. Pois se só falar delas com alguém sem vivenciá-las, você não poderá confiar nas suas conclusões.

Você pode explorar só um evento ou talvez centenas deles, sempre com a certeza de que cada um vai enriquecer a sua compreensão de um determinado gênero. Portanto, recorra às orientações no quadro a seguir para escolher um evento a ser estudado.

Passo 4

> **REQUISITOS PARA UM EVENTO ARTÍSTICO ADEQUADO PARA PESQUISA**
> - **Experiência pessoal.** É necessário que você observe o evento ou objeto pessoalmente ou, pelo menos, que tenha acesso a um bom vídeo do evento.
> - **Gênero escolhido.** O evento precisa conter um exemplo do gênero com que a comunidade já escolheu trabalhar.
> - **Evento da comunidade.** Precisa ser feito por pessoas da comunidade.
> - **Bom modelo.** O melhor é que o evento seja um bom representante do seu gênero na comunidade, e que seja apresentado por artistas que a comunidade considera ser peritos.

Figura 10. Requisitos para um evento artístico adequado para pesquisa

Olhar Inicial no Evento Como um Todo

 Utilize as categorias dadas aqui para anotar as suas observações preliminares, entrevistas e avaliações de um evento artístico. Mais adiante, você irá pesquisar cada categoria mais a fundo.

Contexto

Nome da Comunidade: _____

Localização (país, região, cidade/aldeia, lugar): _____

_____

Datas (s): _____

Seu nome: _____

As seguintes categorias estão ligadas fundamentalmente com formas de comunicação artística. Podemos chamá-las de lentes, pois será através delas que vamos analisar o evento artístico. As sete lentes são:

ESPAÇO

O evento ocorreu dentro de alguma estrutura ou ao ar livre? Onde as pessoas estavam situadas na área do evento? Houve mudanças no uso do espaço em diferentes momentos?

MATERIAIS

Que roupas, trajes, instrumentos musicais, mídia eletrônica, amplificação e iluminação você observou que foram usadas? Se for possível e necessário, tire fotos e faça desenhos.

ORGANIZAÇÃO DOS PARTICIPANTES

Quem estava presente? Quantas pessoas de sexo masculino e feminino estavam presentes no evento? Qual era a faixa etária dos participantes? Havia outras características da população? Qual era o status social da maioria dos participantes? O que estavam fazendo? Como interagiam entre si? Quem organizou, divulgou, e promoveu o evento?

FORMA DO EVENTO ATRAVÉS DO TEMPO

Quanto tempo durou o evento? Quando ocorreu o evento? Quais eram os principais segmentos internos do evento em si?

CARACTERÍSTICAS DA EXECUÇÃO

O que as pessoas estavam fazendo durante o evento? Que atividades foram associadas com o evento, inclusive as que ocorreram antes e depois de sua realização?

CONTEÚDO

Que tipos de enredo, texto, princípios, temas e linguagem (ou linguagens) foram usados?

Símbolos Subjacentes

Quais significados podem ser vinculados com os elementos mencionados acima?

As próximas categorias ajudam a descrever basicamente como a as artes se encaixam em uma cultura.

Propósito(s) Provável(eis)

Qual foi a ocasião do evento? As pessoas davam um nome ao evento? Que objetivos as pessoas procuravam alcançar com este evento? Como estavam tentando alcançar o que queriam? Havia quaisquer propósitos secundários que foram declarados explicitamente ou que ficaram subentendidos? Como é que os alvos afetavam o evento em si?

Emoções

Como os participantes se sentiram em relação ao evento? Como é que os espectadores se sentiram? Que sentimentos ou emoções foram expressos durante o evento como um todo ou durante certo segmento dele, como um discurso ou uma canção?

Valores Comunitários Expressados

Na estrutura social você percebeu sinais dos conflitos de igualdade social versus hierarquia social, ambiente de liberdade versus ambientes de inflexibilidade, conformidade versus dissidência? Havia indicações destes conflitos em textos escritos, relacionamentos específicos ou interações entre os participantes?

Investimento Comunitário

Quantos e quais tipos de recursos a comunidade investiu neste evento? Isso pode incluir o tempo dedicado aos preparativos, finanças, duração da apresentação, número de pessoas envolvidas e indicadores de status.

Olhar Inicial no Gênero do Evento

Estas perguntas básicas ajudarão você enfocar o tipo de arte usada em um evento. Pode haver mais de um gênero artístico sendo praticado em um evento, entretanto, estas perguntas devem ser aplicadas apenas a um gênero de cada vez:

- *Que* tipos de artes as pessoas da comunidade produzem? (nome do gênero, tipos de atividades como pintar, dramatizar, cantar ou dançar.).
- *Quem* normalmente apresenta ou cria nesta forma artística? (mulheres, homens, crianças, membros de certa classe ou casta). Também é bom coletar os nomes dos artistas ou criadores conhecidos na comunidade.
- *Onde* as pessoas normalmente apresentam ou criam? (ao ar livre, dentro de uma estrutura, outro lugar específico).
- *Quando* as pessoas normalmente apresentam ou criam? (de dia, de noite, numa cerimônia, num ensaio semanal, espontaneamente, só por gostar de fazer isso).
- *Para quem* as pessoas normalmente produzem ou se apresentam? (para alguém em especial, para um público animado, para Deus).
- *Por que* as pessoas normalmente praticam ou apresentam? (para expressar emoções, ganhar dinheiro, motivar à ação, afirmar a identidade, para divertir-se)
- *Com que* conotações as pessoas normalmente apresentam? (festejar, destacar determinada faixa etária, conotações espirituais ou sexuais).
- *Como são* organizadas novas ocasiões para apresentar? (um indivíduo só, sonhos, experimentação em grupo).

Aprofundar o seu Entendimento das Formas de um Evento através de Sete Lentes

Usando os termos da Física, uma lente é uma peça de vidro especial. Este vidro é polido ou transformado para alterar o modo como a luz passa por ele. A lente pode fazer um objeto parecer estar mais perto, mais longe ou mais colorido, dependendo do alvo do seu fabricante. Portanto, a lente fornece um meio de enfocar certo aspecto de um objeto. Estamos usando metaforicamente este mesmo princípio para guiar a nossa pesquisa nas artes. Mais especificamente, apresentamos um método que guiará os seus olhos, ouvidos, nariz, pele, e até os seus corpos para a percepção de sete categorias de detalhe. Elas são: espaço, materiais, organização dos participantes, forma do evento através do tempo, características da execução, conteúdo e símbolos subjacentes.

Note que cada uma destas lentes pode interagir estreitamente com as outras, podendo às vezes descrever a mesma coisa a partir de perspectivas diferentes. Portanto, não estranhe se você observar que os padrões encontrados parecem repetir várias vezes. Também é importante lembrar que nem todas as lentes são igualmente boas para ganhar novas percepções de um determinado evento. Se uma lente não estiver ajudando muito, escolha outra pela qual pode olhar o evento.

Temos projetado estas lentes para ajudá-lo a entender melhor o conteúdo artístico de um evento específico. Quando você observar um evento pela primeira vez, provavelmente não saberá como ele é realizado normalmente. Você também não vai saber se há diferenças significativas na maneira como ele está sendo apresentado nesta ocasião. Ao usar estas lentes para descrever mais eventos deste mesmo tipo, você notará tanto os padrões comuns quanto as diferenças.

LENTE 1: ESPAÇO

O espaço inclui a localização, as marcações que delimitam o espaço da apresentação e as características da área que está sendo usada para a comunicação artística. O espaço influencia no movimento dos participantes e nas relações entre eles. Ele também prolonga ou reduz o tempo que os participantes precisam para mover-se dentro dos seus limites. Também afeta outros elementos de uma apresentação.

O espaço é especialmente significativo para os eventos que contenham dança e teatro. Além disso, os criadores de objetos artísticos manipulam o espaço, criam uma estrutura formal através de características como proporção, ritmo e equilíbrio.

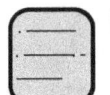 Para aprender mais sobre espaço, faça as seguintes atividades:

- Faça perguntas: O evento ocorreu dentro de uma estrutura, ao ar livre, ou nos dois? Quais são algumas características do lugar onde ocorreu (forma e tamanho, por exemplo)? Como o espaço foi dividido? Que atividades se associavam com cada divisão?
- Desenhe um diagrama do espaço, incluindo seus limites e demarcações.
- Tire fotografias do lugar e seus arredores.

- Faça perguntas aos participantes e a outras pessoas que conhecem bem a cultura. Você pode fazer isso enquanto está assistindo um vídeo do evento.
- Faça uma lista dos nomes locais para os elementos de espaço usados no evento.

LENTE 2: MATERIAIS

Os materiais são todos os objetos físicos associados a um devido evento. Alguns exemplos são: roupa, emblemas, instrumentos, adereços e iluminação. Alguns objetos são mais importantes para a execução e para vivenciar o evento do que outros. Podem ser feitos por pessoas (máscara) ou designados para cumprirem certa função (uma pena de águia significa que é um emblema da realeza). Os objetos podem servir a vários propósitos e transmitir significados em muitos níveis diferentes. Por exemplo, o tambor Amtupan (Gana) serve como membro funcional do conjunto musical. A forma, as cores e a construção deste tambor também indicam realeza. Ele tem, portanto, um papel tanto funcional quanto simbólico. Perceba também que certos objetos não fazem parte da atividade do evento.

O drama faz uso de trajes e adereços para mostrar caracterização e criar cenários teatrais. Os objetos mais comuns usados para produzir recursos musicais são instrumentos. No caso da dança, trajes e adereços podem ajudar a salientar o movimento. Um contador de histórias pode usar um adereço para simbolizar certo evento na história. Os artistas plásticos utilizam uma grande variedade de materiais para criar objetos.

 Para conhecer mais sobre os Materiais, faça as seguintes atividades:

- Faça uma lista dos objetos associados ao evento: Pergunte sobre quais objetos estavam presentes, inclusive estruturas (como prédios)? Que objetos as pessoas trouxeram especificamente para o evento? Como as pessoas estavam vestidas? O que as pessoas seguravam ou chutavam? Movimentavam seus corpos de outra maneira? Havia qualquer comida ou bebida envolvida no evento?
- Para cada objeto, escreva a seguinte informação: Qual é o nome que as pessoas locais dão ao objeto? Há outros nomes para o objeto? Quais são as características físicas do objeto? (desenho, construção, peso e comprimento). É feito com que tipo de material? (fibras de plantas ou de animais), minerais, metais, plásticos, madeira.

LENTE 3: ORGANIZAÇÃO DOS PARTICIPANTES

Num evento artístico, todos os presentes (e às vezes até aqueles que não estão presentes) participam de alguma forma. Cada participante tem um papel que influencia a forma da apresentação. Eles podem exercer várias funções, entre elas: criadores, artistas principais (cantores, instrumentistas, atores, dançarinos, contadores de histórias), plateia (fãs, espectadores, bagunceiros), ajudantes (cenógrafos, dirigentes de palco, porteiros, funcionários da bilheteria, seguranças) produtores, diretores e outros. As histórias dos participantes também são relevantes para as características formais de um evento. A história de um participante inclui: habilidades; parentesco, relacionamentos com outros participantes; status e função na vida diária; identidade étnica, religiosa e social. Por exemplo, talvez o sacerdote seja o único que possa fazer certas funções numa cerimônia religiosa.

Para conhecer mais sobre os Participantes de um evento, faça as seguintes atividades:

- Pergunte quantos participantes estavam envolvidos (tenha o cuidado de incluir antepassados ou deuses que não estavam presentes fisicamente)? Que funções tinha cada um deles? Quais as características da apresentação que os participantes usavam para se relacionarem? Havia padrões óbvios de etiqueta? Quais termos as pessoas da comunidade usam para se referir às funções dos participantes no evento? Quais são as características proeminentes de cada participante, no tocante ao seu treinamento, habilidade, reputação e classe profissional, casta?
- Tire fotos do evento e faça gravações em áudio e vídeo.
- Pergunte a um amigo envolvido no evento se há algum papel (ou papéis) que você talvez pudesse desempenhar neste evento. Note a formação e as competências que você teria que ter ou adquirir para desempenhar tais papéis. Se for apropriado e possível, prepare-se para desempenhar um papel num futuro evento deste tipo.
- Elabore um cronograma do evento, tomando nota das ações e interações dos participantes.
- Faça perguntas sobre o que aconteceu aos participantes e a outros que conhecem bem a cultura. Pode ser bom fazer isso enquanto você estiver assistindo um vídeo do evento.

Como sempre, procure significado, simbolismo, e outros temas culturais mais abrangentes.

LENTE 4: FORMA DO EVENTO ATRAVÉS DO TEMPO

Uma maneira de descrever a forma de um evento é dividi-lo em partes cronológicas. Pode-se identificar quando um segmento termina e o próximo começa ao notar mudanças significativas nos elementos do evento. Você perceberá as mudanças quando olhá-las através de cada uma das outras lentes. Estas mudanças se chamam marcadores. Os marcadores podem incluir, por exemplo, pausas ou contrastes repentinos na fisionomia dos participantes. Podem assinalar o início e o fim das atividades, ou o começo e o fim de canções.

Um exemplo de um gênero com muitas características dramáticas seria a dramatização, que se divide em atos, cenas, e depois em gestos e movimentos. Pode-se descrever uma apresentação musical de forma hierárquica que consiste de canções, versos, frases e notas musicais. Gêneros de danças podem consistir de partes, temas e gestos. Uma arte oral como poesia pode conter estrofes, versos e métrica.

Para conhecer melhor sobre o formato de um evento, faça as seguintes atividades:

- Faça gravações em áudio e vídeo do evento.
- Crie um Cronograma de Segmentos Hierárquicos, usando os seguintes passos:

Passo Um

Enquanto você assiste ou ouve a sua gravação, faça um cronograma do evento, tomando nota do que acontece nos diferentes períodos.

Hora	O que aconteceu
13:30	Os contadores de histórias começaram a chegar
...	...
...	...
14:27	Todos foram embora do lugar

Passo Dois

Assista ou ouça a gravação novamente, anotando o que parecem ser pontos importantes de transição (pode ser necessário fazer isso com alguém que já participou de um evento artístico deste tipo). Depois, faça um quadro com os maiores segmentos distribuídos na parte superior. Você pode continuar a dividir os subsegmentos em períodos mais definidos, conforme o enfoque de sua pesquisa.

Segmento 1 (5 min.)		Segmento 2 (12 min.)			Segmento 3 (10 min.)		Segmento 4 (3 min.)		
1A	1B	2A	2B	2C	3A	3B	4A	4B	4C

LENTE 5: CARACTERÍSTICAS DA EXECUÇÃO

As características da execução são os resultados obtidos pela apresentação dos artistas em um evento, essas características são aquelas particularidades que tornam aquela execução distinta das outras. O artista usa suas habilidades e desempenha processos peculiares durante um evento. Ele conhece as regras essenciais da forma artística e precisa dominar bem as regras para o evento ser bem-sucedido.

Algumas categorias para classificar as Características da Execução são: técnica vocal, movimento corporal, manipulação de objetos, características visuais, ritmo, narração e técnicas poéticas.

CATEGORIAS DE CARACTERÍSTICAS DA EXECUÇÃO

- **Técnica vocal:** Os participantes usam técnicas vocais em drama para ajudá-los em sua atuação. Na música, as técnicas vocais ajudam os participantes a cantar. Na dança, a técnica vocal ajuda os participantes a coordenarem a respiração com padrões de movimento. Nas artes verbais, a técnica vocal cria os efeitos desejados com mudanças de altura ou timbre das vozes dos apresentadores.

- **Movimento corporal:** Nas apresentações de teatro, os participantes usam movimentos do corpo na encenação, caracterização e organização de espaço. Na música, os participantes usam os corpos para tocar instrumentos. Na dança, as dinâmicas do movimento, o fraseado e organização de corpo e espaço envolvem os movimentos do corpo. Nas artes verbais, os participantes usam os corpos para gesticular.

- **Manipulação de objetos:** Na dramatização, os objetos são manipulados para ajudar os participantes a encenar. Na música, a manipulação de objetos ajuda os apresentadores a tocar instrumentos e modificar as vozes. Na dança, as pessoas manipulam objetos para apoiar movimento. Nas artes verbais, a manipulação de objetos serve para enfatizar os elementos de discurso. Nas artes visuais, os participantes usam objetos para auxiliar em sua comunicação.

- **Características visuais:** As características visuais são importantes nos eventos dramáticos e na dança e podem incluir: trajes/fantasias, maquiagem, fantoches, entre outros. Nas artes visuais, o desenho e composição fazem parte das características visuais.

- **Ritmo:** Polirritmia, ritmo proporcional ou ritmo livre são alguns dos ritmos que contribuem para a apresentação musical. Polirritmia consiste de ritmos contrastantes que são tocados simultaneamente. O ritmo proporcional consiste de unidades rítmicas menores que fazem parte de unidades maiores. O ritmo livre é ritmo em que não se vê um padrão claro. Como o ritmo externo afeta o movimento da dança? O que é que se vê na métrica usada nas artes verbais?

- **Narração:** As narrações têm funções muito significativas na apresentação ou recontagem de eventos por meio de drama e outras artes verbais.

- **Técnicas poéticas:** Finalmente, os participantes de um evento podem usar técnicas poéticas nas dramatizações, letras de canções e durante apresentações orais.

Figuro 11. Categorias de Características da Execução

Para conhecer melhor as características da execução de um evento, faça as seguintes atividades:

- Enquanto você assiste um evento (ao vivo ou gravado), responda de forma livre as seguintes perguntas: Que sons você ouviu? Quais movimentos, cores, luzes, e formas você viu? Quais os aromas que você sentiu? Quais as sensações que experimentou? Que sabores você provou?

- Enquanto você assiste um evento (ao vivo ou gravado) responda de forma livre as seguintes perguntas: O que os participantes faziam com as vozes (cantavam, dramatizavam, discursavam, narravam, ou produziam efeitos sonoros com sua boca)?
    - O que os participantes faziam com os corpos (dramatizavam, tocavam instrumentos, dançavam)?
    - O que os participantes faziam com as palavras (recitavam poesia, cantavam, dramatizavam, discursavam e narravam)?

o O que os participantes faziam com objetos (tocavam instrumentos, dramatizavam, faziam exibições, dançavam, discursavam, narravam)?

LENTE 6: CONTEÚDO

O conteúdo se refere ao tema ou tópico abordado em um evento artístico. Ele é o que há de mais associado aos símbolos, tais como palavras e movimentos em linguagens de sinais ou danças. Pode haver muitos níveis de significados, sejam eles implícitos ou explícitos. Para entender o conteúdo, é necessário que você se aproxime de alguém que conhece bem a língua ou outros sistemas de comunicação da cultura. Não pressuponha apenas.

Para conhecer melhor o conteúdo de um evento, faça as seguintes atividades:

- Grave o evento e depois peça a um amigo para escrever palavras importantes usadas pelas pessoas e os significados de quaisquer ações simbólicas que ocorreu.
- Pergunte aos participantes o que eles queriam comunicar durante o evento.
- Pergunte aos participantes quais emoções ou ações eles esperavam estimular nos outros como resultado do evento.
- Pergunte aos participantes quais dos temas produziram neles sentimentos de raiva, humor, tédio ou entusiasmo.

LENTE 7: SÍMBOLOS SUBJACENTES

Os participantes de um evento artístico compartilham um mesmo contexto intelectual e emocional. Eles aproveitam esse conjunto compartilhado de regras, expectativas, estruturas gramaticais, motivações e experiências para determinar suas ações. O conhecimento e entendimento que eles têm em comum formam um sistema de símbolos subjacentes. Este sistema, por sua vez, determina os parâmetros da composição e da interpretação da obra artística.

Certos sistemas de símbolos subjacentes são simples e fáceis de encontrar. Por exemplo, o gamelão da Indonésia (conjunto instrumental que inclui muitos instrumentos de percussão em bronze) segue um padrão cíclico que é rapidamente visto ao observar que o maior sino do conjunto soa em intervalos regulares. Semelhantemente, uma valsa de Strauss (músico/compositor) se divide em compassos regulares de ritmo ternário. O primeiro tempo do compasso ternário é acentuado e por isso uma valsa deste tipo não requer uma análise extensiva. Outro exemplo são os personagens tradicionais dos dramas tailandeses likay, que se reconhecem facilmente ao ouvir uma breve descrição de seus comportamentos e ver os trajes que usam.

Outros sistemas de símbolos subjacentes podem ser mais difíceis de entender. Pode ser necessário analisá-los mais profundamente, usando uma metodologia mais específica. Talvez você tenha que entrevistar os participantes e até participar ativamente de um evento. Por exemplo, as regras de composição que regem a estrutura melódica ou rítmica de uma canção nem sempre são óbvias. Os movimentos permitidos em certa dança podem não ser aparentes. Os detalhes do uso de espaço por um artista na sua pintura frequentemente não são vistos num olhar inicial.

O método apresentado neste manual não abrange uma pesquisa detalhada de sistemas simbólicos subjacentes.

Relacionar o(s) gênero(s) do evento com o contexto cultural mais amplo.

As artes sempre estão interligadas com outras realidades da comunidade. Você só vai entender mais plenamente as características musicais, teatrais, verbais, visuais, culinárias, ou as que são relacionadas à dança, quando você tiver uma boa compreensão da comunidade.

Para você ter um maior entendimento sobre o papel ou função de uma forma artística na cultura em que ela se encontra, você deve investigar as áreas listadas abaixo. Como sempre, devem-se escolher as atividades que sejam mais relevantes e interessantes para a sua situação.

ARTISTAS

Qualquer plano que a comunidade tenha para usar suas artes com o objetivo de alcançar os alvos do reino deve ser baseado num bom conhecimento e relacionamento com os artistas em sua essência. Deus nos chamou para aprender com eles, e *são eles que devemos encorajar*. Eles são os atores principais nas nossas atividades de cocriação.

Para conhecer melhor os artistas de um determinado gênero, faça as seguintes atividades:

- Conheça os artistas envolvidos com a forma artística que está estudando. Você pode estudar formal ou informalmente com um habilidoso artista. Faça parte de seu mundo pessoal e artístico. Sente-se com um autor/compositor e veja como ele cria. Peça permissão para observar um artista ensinando outra pessoa. Compartilhe a sua própria vida e seus dons artísticos com ele.

Pergunte:

- Como os artistas deste gênero se relacionam com sua comunidade?
- Qual é o status do artista na comunidade? Há uma diferença de status baseado no tipo de arte que ele pratica? (ex: tocar tambor para a realeza, compor canções para eventos importantes, encenação indecente para um bordel, etc.)?
- Como as pessoas se tornam artistas neste gênero? Isto é resultado de padrões sociais (classe social do artista), é alcançado por meio de esforço e habilidade individual, ou é uma combinação desses fatores?

CRIATIVIDADE

Toda comunidade cria coisas novas, coisas que nunca existiram antes. Mas cada comunidade – e também cada gênero artístico – pensa sobre e cria coisas novas de modos diferentes.

Para conhecer melhor os meios de criatividade de um gênero, faça as seguintes atividades:

- Observe, participe e encomende novas obras. Ao participar de um processo criativo, você pode descobrir como novas obras são criadas e quem são os responsáveis por criá-las.

 Pergunte:

- Novas obras são criadas intencionalmente ou recebidas por meio de visões?
- Novas obras são criadas por um indivíduo ou por um grupo?
- Que técnicas são usadas para a criação? (Ex.: improvisação, em conjunto, individualmente)
- A comunidade prefere uma obra inovadora, ou uma que valoriza mais a tradição existente?

LÍNGUA

A língua (ou línguas), bem como outros tipos de linguagem artística podem revelar muito sobre o relacionamento do evento com o seu contexto cultural maior. A letra de uma canção na língua regional ou nacional apoia a identidade regional ou nacional. Uma tapeçaria que ilustra o alfabeto de uma língua minoritária pode acentuar a identidade desta comunidade minoritária. Palavras arcaicas ou exclusivas que não são usadas na fala cotidiana também são comuns na comunicação artística. O uso de linguagem arcaica pode transmitir uma sensação de mistério ou medo associado ao gênero, ou ter outra motivação que você ainda terá que pesquisar a partir da sua interação com a comunidade.

 Para conhecer melhor o uso da língua num evento artístico, faça as seguintes atividades:

- Assista ou ouça uma gravação de um evento, ou examine um objeto junto com alguém que sabe bastante sobre ele. Faça uma lista de cada componente que contém o uso de idioma, e responda as seguintes perguntas:
- Qual é o idioma ou dialeto que está sendo usado aqui? Há algumas palavras que aparecem em outras línguas?
- Alguém usaria essas palavras na fala cotidiana, ou esta é uma linguagem exclusiva deste evento artístico?

TRANSMISSÃO E MUDANÇA

Um tema importante sempre abordado neste manual é que tudo muda com o tempo. As pessoas transmitem suas habilidades e conhecimento para outros, mas esta transmissão nunca acontece perfeitamente. A transmissão pode ocorrer mediante treinamento formal, observação informal, mentoria ou exploração individual.

 Para descobrir como determinado gênero tem mudado através da história e como ele está se transformando agora, faça as seguintes atividades:

- Peça que os participantes do evento em foco expliquem como eles aprenderam a fazer o que fazem. Pergunte se você pode observar ou até mesmo participar desse processo de aprendizagem posteriormente. Ao observar, anote as interações entre as pessoas, como são tratados aqueles que têm mais conhecimento e quais objetos fazem parte do processo de transmissão.

- Se este evento fizer parte de uma antiga tradição, pergunte a um idoso como e quando as pessoas aprendiam o gênero antigamente. Depois pergunte se as pessoas ainda aprendem desta maneira hoje em dia, se não aprendem, pergunte-lhe o que mudou.

- Procure gravações ou exemplos antigos e também mais recentes da forma artística. Assista essas gravações com alguém que conhece bem a forma artística, e pergunte quais são as diferenças entre os dois. Pergunte o que poderia ter causado estas diferenças.

DINAMISMO CULTURAL

As comunidades saudáveis mantêm uma mistura equilibrada de continuidade e mudança. Os gêneros artísticos apoiam a vitalidade da comunidade por meio de interações entre seus elementos estáveis e flexíveis. Os *elementos estáveis* do gênero são aqueles que não mudam, ocorrem de forma regular no tempo e no espaço e são rigidamente organizados. Os *elementos flexíveis* do gênero mudam com o tempo, eles são menos previsíveis (talvez marcados por improvisação) e organizados de modo mais livre. O dinamismo cultural ocorre quando os artistas fazem bom uso dos elementos flexíveis para fortalecer os elementos mais estáveis.

Para entender melhor o dinamismo de um determinado gênero e descobrir como ele ocorre, faça as seguintes perguntas aos participantes de um evento:

- *Para identificar elementos artísticos estáveis:* Quais das formas artísticas ou quais aspectos das formas artísticas ocorrem com mais regularidade, com pouca variação e com organização bem coesa?

- *Para identificar elementos flexíveis:* Quais das formas artísticas ou quais aspectos das formas artísticas são menos previsíveis e organizados de maneira mais livre?

- *Para identificar as interações entre os elementos estáveis e os flexíveis:* Como é que estes aspectos estáveis e flexíveis interagem no evento?

IDENTIDADE E PODER

É possível que a comunidade use apresentações artísticas para afirmar ou para fazer oposição ao status e às autoridades sociais. Às vezes certas formas artísticas dão às pessoas de status inferior a oportunidade de comunicarem abertamente com os outros sobre os seus problemas. Equivocar-se sobre como as pessoas veem as relações de poder pode levar a controvérsias desnecessárias.

Para identificar como a identidade e o poder refletem em um determinado evento, faça as seguintes atividades:

- Transcreva quaisquer textos associados a este evento, como letras de canções ou conteúdo de histórias. Examine-as para ver se há mensagens claras apoiando ou contrariando uma pessoa, instituição ou outra entidade. Uma conversa discreta com um amigo pode ajudá-

lo a descobrir se existe alguma mensagem escondida no texto.
- Observe o evento. Neste evento as pessoas desafiam as autoridades através de formas artísticas não encontradas em outros momentos? A ação artística às vezes fornece um lugar seguro para confrontação ou resolução de conflito.
- Faça as seguintes perguntas aos participantes do evento: Como a autoridade é afirmada ou confrontada nesta expressão artística? Quem está participando deste evento artístico, e por quê? Existem mensagens ocultas? As mensagens comunicadas claramente apoiam ou contrariam uma pessoa ou instituição?

ESTÉTICA E AVALIAÇÃO

Nós temos a tendência de aplicar nossos próprios padrões artísticos quando avaliamos as artes dos outros. Precisamos nos esforçar para não fazer isso e ajudar os outros a não fazerem também. Você pode descobrir como os membros da comunidade onde você trabalha lidam com a correção e a avaliação em geral.

Para conhecer mais sobre a estética e a avaliação, faça as seguintes atividades:

- Pergunte a um amigo como (e se) ele faria para corrigir alguém mais idoso ou mais novo. Pergunte como (e se) ele corrigiria alguém de posição social mais elevada ou mais baixa. Pode ser que os membros da comunidade valorizem a correção direta em certos contextos e que outros contextos requeiram uma correção indireta.
- Pergunte a um amigo como as pessoas que ele acaba de descrever iriam corrigi-lo

Para avaliar o evento artístico faça o seguinte:

- Pergunte às pessoas o que faz um componente da forma do evento ser bom ou ser mau.
- Observe um perito quando ele ensinar a forma analisada a outra pessoa, ou talvez a você. Escreva os conselhos dados pelo perito. Faça uma lista dos erros que ele corrige. Você será capaz de descobrir a forma ideal ao ouvir os conselhos dados e analisar os erros cometidos.
- Observe os itens colocados em lugar de destaque. Preste atenção aos itens que as pessoas mencionam respeitosamente. Observe os itens cuja criação requer mais habilidade e tempo. As criações destacadas, respeitadas e exclusivas geralmente têm características ideais. Pergunte às pessoas o que faz com que estas criações sejam boas ou agradáveis.

TEMPO

Frequentemente as pessoas percebem o tempo de maneiras distintas durante um evento. Os participantes podem sentir que o tempo está passando mais rápido, mais devagar ou de alguma forma complexa e impossível de prever. Além disso, a estrutura, o fluxo e o tempo de um evento podem conectar-se com padrões culturais e temporais mais amplos. Finalmente, em muitas comunidades alguns eventos só ocorrem em certos períodos dos ciclos agrícolas, religiosos ou outra data importante no calendário.

Passo 4

 Para entender melhor a percepção do tempo durante um evento, faça as seguintes atividades:

- Logo depois de um evento, faça perguntas como estas aos participantes: Como você sabia qual era o momento certo para fazer as coisas? Como foi a percepção do tempo para você? As coisas pareciam acontecer uma após outra, em ciclos repetidos, ou apenas fluíam como ondas? Parecia ser um evento sagrado? Há outras ocasiões em que você experimenta ou percebe o tempo desta mesma maneira?
- Peça aos especialistas no gênero para descreverem a passagem do tempo durante o evento. Eles associam essa descrição de tempo explicitamente a ciclos mais abrangentes do seu calendário?

EMOÇÕES

A capacidade de expressar e evocar emoções é uma das características mais celebradas da comunicação artística. As artes têm a habilidade de vincular um som, uma visão, um movimento, cheiro ou sabor diretamente a memórias poderosas e emocionantes. Muitas vezes também dão um alívio socialmente aceitável para sentimentos intensos, como lamentações e choros em momentos de luto

 Para conhecer melhor sobre as emoções manifestadas em um evento, faça as seguintes atividades:

- Assista a gravação de um evento e escreva quais emoções os participantes –incluindo os espectadores – aparentam expressar. Pergunte a alguém que estava presente no evento se concorda com suas interpretações.
- Assista a um vídeo de um evento artístico junto com pessoas que estavam presentes. Observe as pessoas que estão assistindo o vídeo com você, e tome nota de qualquer emoção que eles expressarem – alegria, surpresa, tristeza, raiva, desdém, etc. – interrompa a gravação e pergunte a eles sobre o que estão sentindo. Faça uma lista das palavras usadas para descrever suas emoções e o que estava acontecendo no evento que os levava a sentir essas emoções.

ASSUNTO

Canções, provérbios, dramatizações, tapeçarias, bem como outras artes têm conteúdo verbal. Este conteúdo procede das mentes, das experiências e das histórias dos participantes e das comunidades. A comunicação artística às vezes revela informação que de outro modo seria inacessível e os artistas podem transmitir ideias sobre assuntos que geralmente não são comentados.

Em outras ocasiões, a comunicação artística revela os valores da comunidade de forma memorável. Os provérbios são ótimos exemplos de valores revelados de maneira memorável. Os assuntos no conteúdo textual podem ser metafóricos ou podem estar codificados. Tenha em mente que o seu primeiro entendimento sobre o significado pode não ser o único.

 Para pesquisar sobre os Assuntos de um evento, faça as seguintes atividades:

- Faça uma lista dos elementos de um evento que tem conteúdo verbal, como canções, provérbios ou histórias. Peça a alguém que conheça bem a cultura para descrever as mensagens de cada um. Pergunte: Do que se trata isso? O que estão tentando comunicar? Há alguma lição? Se for esse o caso, para quem é a lição?

- Enquanto estiver assistindo uma gravação ou lendo a transcrição de um evento, peça a um grupo pequeno de participantes para fazer uma lista de todas as referências a pessoas, objetos, lugares, eventos ou seres espirituais. Peça que descrevam cada um. Em seguida grave ou escreva as suas respostas.

VALORES COMUNITÁRIOS DEMONSTRADOS

A comunicação artística muitas vezes dá aos membros da comunidade um meio pelo qual podem desafiar as suas autoridades. Contudo, a maneira dos artistas organizarem e realizarem a comunicação artística também pode revelar aspectos importantes dos valores e das estruturas sociais da comunidade. Para você entender melhor os valores mais abrangentes da comunidade, considere a organização física e social dos participantes.

Para identificar o relacionamento entre o evento artístico e os valores da comunidade, faça as seguintes atividades:

- Observe o evento, e depois pergunte: Como os participantes interagem com as autoridades e com seus representantes durante o evento? Como essa interação difere em outros contextos?

- A organização física dos participantes demonstra uma estrutura de hierarquia, como no caso da primeira, segunda e terceira fila de cadeiras dos participantes de uma orquestra sinfônica? Ou todos os participantes estão posicionados no mesmo nível físico? As respostas a estas perguntas podem refletir valores de estruturas sociais hierárquicas versus igualitárias em outros ambientes da comunidade.

- De que maneiras os participantes são estimulados a expressarem-se individualmente, ou não recebem tal estímulo? O ambiente descontraído e livre ou é um ambiente rígido e formal? Respostas a estas perguntas podem refletir valores de conformidade ou de dissidência em outros momentos da comunidade.

INVESTIMENTO COMUNITÁRIO

A quantidade de energia que os membros da comunidade dedicam a diferentes tipos de atividade artística varia muito. Um avô que conta um provérbio para sua neta envolve apenas duas pessoas. Não requer preparação, não custa nada em termos de dinheiro e dura somente alguns minutos. Por outro lado, a cerimônia fúnebre de um rei no oeste de Camarões pode durar um mês e incluir centenas de pessoas, tendo elevados custos com comida, transporte e presentes.

Para descobrir qual o investimento da comunidade num determinado evento, observe, pergunte e registre informações sobre os seguintes tópicos:

- duração do evento
- importância do horário: realiza-se num horário nobre, ou em um horário comum?
- grau de preparação
- custo do evento
- localização do evento: lugar de alto nível ou de baixo nível.
- espaço necessário para o evento: status, tamanho, custo, exclusividade
- participantes: número, classe social, exclusividade, nível de habilidade ou de profissionalismo
- complexidade: número de elementos relevantes

Pesquise as Artes encontradas na Igreja

Se houver uma igreja na comunidade, nós devemos ajudá-la a expandir o reino de Deus tanto dentro como fora das suas paredes. Por isso desenvolvemos ferramentas para serem aplicadas especificamente a comunidades cristãs. Tratamos as igrejas como comunidades especiais por duas razões. Primeiramente, a igreja é o corpo de Cristo (Col. 1:24) e devemos ter preocupação especial sobre como ela vive. Em segundo lugar, igrejas existem em lugares específicos, mas elas também se conectam com pessoas em lugares *diferentes*. Estas comunidades mais amplas podem ser denominações regionais, organizações missionárias estrangeiras ou nacionais, ordens Católicas ou Ortodoxas, entre outras. Portanto, para ajudarmos a igreja a servir a Deus integralmente, precisamos ajudá-la a olhar para *todas* as suas artes, não importa de onde elas vêm.

Tendo em vista este objetivo nós incluímos duas atividades neste Manual. A primeira – Identificar e Avaliar as Artes Usadas na Igreja – consiste em 3 partes. A segunda atividade – Compare Instrumentos Musicais no Antigo Testamento – demonstra como os mesmos instrumentos podem ser usados para muitos propósitos diferentes.

Identificar e Avaliar as Artes Usadas na Igreja

1. Descobrir as Artes da Igreja

Ao identificar a vida artística da igreja nesta atividade você verá muita semelhança com o que descrevemos para a comunidade mais ampla no Passo 1 com o título *"Olha Inicial nas Artes da Comunidade"*. Inclua tudo que descobrir sobre elas no Perfil de Artes da Comunidade (Veja o PAC no Anexo 3). Faça reuniões com os líderes e com aqueles que se envolvem nas diversas áreas da vida da igreja direcionando-os na seguinte atividade:

Faça uma lista de todos os contextos onde os membros da igreja se reúnem.

Estes contextos podem ser os seguintes, apesar de não limitados apenas a isto: reuniões de estudo bíblico, pequenos grupos nos lares, escola dominical, educação de adultos, cultos públicos de adoração, orientações espirituais, missa, Escola Bíblica de Férias, ministérios infantis, serviços sociais de alimentação, visitação aos enfermos, rituais como batismo, casamentos e funerais, cultos de cura, celebrações de feriados, passeios sociais, retiros e acampamentos, atividades de evangelismo, festivais, concertos, vigílias de oração, devocional pessoal, cultos domésticos, entre outros. *Use a tabela abaixo para iniciar a lista.*

Eventos e Atividades da Igreja	Que Gênero(s) Artístico(s) é(são) usado(s)?

Faça uma lista de todas as formas artísticas usadas nestes contexto.

Para cada contexto incluído, anote as formas de comunicação artística (gêneros) utilizadas. Tipos comuns de artes em comunidades cristãs incluem cânticos, pregação, dramatização, narração de histórias, escultura, gravuras, designação de espaços, incenso, dança, faixas, desenhos, leituras, recitação de poesia. Note também que alguns rituais são praticados frequentemente em comunidades cristãs. Eles podem ser um evento artístico (ex. formas de dramatização ou festas) e conter elementos artísticos. Use a tabela acima para iniciar.

Faça uma lista de todas as pessoas que têm dons artísticos especiais (independente se usam ou não esse dom na igreja)

Para cada pessoa na comunidade cristã com treinamento e dons artísticos, faça uma lista dos tipos de arte que elas têm habilidade. Inclua também as suas competências específicas (ex. composição, atuação, desenho). A liderança da igreja pode não estar ciente da quantidade de dons artísticos que seus membros têm. Neste caso você pode ajudá-los a fazer uma pesquisa mais completa usando um simples questionário ou apenas perguntas orais. *Use a tabela seguir para iniciar.*

Pessoas com Treinamento ou Dons Artísticos	Tipos de Arte

2. Compare o Uso das Artes da Comunidade Cristã com as Artes das Comunidades ao Redor

Estes passos ajudarão a igreja a melhorar seu contato com o povo, no contexto geográfico onde ela está inserida. Veja especificamente "Vida da Igreja" e "Vida Espiritual Pessoal" no Passo 2. Lembre-se que esta é apenas uma parte pequena de um processo mais amplo no qual as igrejas avaliam criticamente a possibilidade de usar os vários gêneros artísticos. *Use a tabela abaixo para iniciar.*

1. Consulte na lista acima todos os tipos de artes que a comunidade cristã usa nas suas diferentes atividades.

2. Consulte a lista criada no Passo 1 contendo gêneros artísticos usados pela comunidade como um todo.

3. Marque os gêneros de comunicação artística que existem tanto na igreja como na comunidade ao redor.

4. Converse sobre cada um dos gêneros que são usados em ambos os contextos e escreva as características da sua execução que possam ser diferentes em cada situação.

5. Faça uma lista de todos os gêneros artísticos da comunidade que a igreja não usa. Converse sobre as razões porque eles não estão sendo usados e pesquise a possibilidade de utilizá-los.

Gêneros Artísticos Usados na Igreja	Usado fora da Igreja? (sim/não)

3. Avalie Como as Artes da Comunidade Cristã Cumprem os seus Propósitos Atualmente

No Passo 2 destacamos algumas razões que motivam uma comunidade cristã a expandir o reino de Deus: para dar maior importância ao culto público, melhorar o processo de formação espiritual, ampliar o alcance do seu testemunho, etc. Uma breve pesquisa sobre como as pessoas usavam as artes na Bíblia nos apresenta uma lista ainda maior: celebrar vitória (Ex 15), acompanhar procissões (2Sm 6), adoração (2 Cr 5), festivais culturais (2 Cr 35:15), expressão de arrependimento (Sl 51), dança (1Cr 15), funerais (Mt 9:23), edificação da igreja (1Co 14:26), expressar alegria (Tg 5:13), expressar tristeza (Sl 6), batalha espiritual (2 Cr 20:21–23), cura (1Sm 16).

É importante lembrar que nem todas as artes demonstradas nas Escrituras servem como um exemplo positivo—Aarão moldou um bezerro de ouro como um ídolo (Ex 32), mas não devemos imitá-lo.

Além destes exemplos, a Bíblia ainda aponta para outros propósitos da igreja, incluindo confissão de pecados, testemunho, oração, ensino, ação de graças, discipulado, lamento, evangelismo, encorajamento, exortação, renovação da mente, reconciliação, perdão, correção, comemoração, solidariedade, contextualização, etc. Apesar de não podermos criar uma lista completa de todos os propósitos possíveis, é essencial que cada igreja identifique as motivações de suas atividades eclesiásticas, para que possam avaliar se as artes podem ajudar nestas atividades. Este processo também pode revelar outros alvos bíblicos que a comunidade deve adotar. Os seguintes passos podem ajudar a fazer isso *(use as tabelas a seguir para iniciar)*:

1. Veja na lista todos os contextos onde os membros da comunidade cristã atuam.
2. Escolha um contexto no qual exista uma comunicação artística, e faça uma lista dos propósitos do referido contexto. Releia os parágrafos acima para lembrar de outros possíveis contextos.
3. Faça uma lista das formas de comunicação artística usadas em cada contexto, identificando como elas reforçam ou divergem dos seus propósitos. Converse sobre isso, e sugira modificações que a igreja poderia fazer.
4. Use o que você descobriu para criar novas atividades no Passo 5.
5. Repita este processo com outros eventos e atividades da igreja.

Um evento no qual as artes são usadas na igreja: _____

Propósito(s) do evento:	Artes Usadas no Evento

As Artes Usadas no Evento Reforçam ou Divergem dos Propósitos do Evento?

Compare Instrumentos Musicais no Antigo Testamento

Às vezes igrejas desenvolvem associações negativas quanto a certos gêneros ou objetos artísticos (ex. instrumentos). A próxima tabela demonstra que os objetos em si não têm um valor moral: o que é determinante para agradar a Deus é o coração da pessoa, não o objeto. Ajude o grupo a descobrir esta verdade por si mesmos preenchendo a tabela a seguir. Conduza o grupo através dos seguintes passos:

1. Escreva as referências bíblicas na parte superior de um quadro.
2. Peça para alguém ler cada passagem bíblica em voz alta, e depois peça para o grupo nomear cada instrumento que foi mencionado. Escreva os nomes dos instrumentos abaixo de cada referência.

3. Peça para o grupo identificar os instrumentos que aparecem em mais de uma coluna. Marque-os com um círculo.
4. Peça para o grupo descrever o propósito de cada evento. Escreva o propósito abaixo de cada referência.
5. Pergunte ao grupo se existe alguma relação entre os instrumentos listados e o propósito dos eventos.
6. Pergunte quais são os princípios que eles podem aprender com este exercício. Depois discuta sobre como é possível aplicar estes princípios para o uso das artes na igreja.

Daniel 3:5 Palácio do Rei *(adoração falsa)*	Isaías 5:12 Festa de embriaguez *(secular)*	Salmo 150 Louvor a Deus *(adoração verdadeira)*	2 Sm 6:5; 1 Cr 15:16-29 Procissão religiosa *(adoração verdadeira)*
flauta (pífaro)	flauta	flauta	
trombeta		trombetas	trombetas cornetas (clarim)
flauta dupla (gaita de fole)			
cítara (lira)	lira	lira	lira
harpa	harpa	harpa	harpa
saltério		instrumentos de corda	
	pandeiro (tamborim)	pandeiro (tamborim)	pandeiros
		címbalos (pratos)	címbalos (pratos)
		címbalos sonoros	
			chocalho
		dança	dança

PASSO 5

DESPERTAR A CRIATIVIDADE

Uma atividade de estímulo é qualquer coisa que alguém faz para criar algo novo em um gênero artístico. Dependendo do contexto os atos criativos vão requerer diferentes níveis de investimento por parte de toda a comunidade. Em uma reunião a tarde, por exemplo, uma pessoa poderia sugerir que alguém fizesse uma pintura para responder a um discurso. Essa simples sugestão incentivaria a criação de uma nova pintura. A sugestão envolve pouco investimento por parte da comunidade. Por outro lado, planejar um festival é um ato de criatividade bem mais complexo que pode incluir muitos artistas e oficiais do governo. Em outras palavras, ele requer um alto investimento da comunidade.

As recompensas de uma atividade de estímulo podem ser imediatas, às vezes fornecendo até uma estrutura para futuros atos criativos. Por exemplo, os artistas podem talvez aprender a fabricar, afinar e tocar um instrumento tradicional por meio de uma atividade de estímulo. Seu aprendizado formará a base para a composição de novas canções no futuro. Finalmente, as atividades de estímulo podem envolver todos, quase todos ou apenas um dos sete passos da Criação Conjunta de Artes Locais (CCAL). Atividades como Oficinas, por exemplo, frequentemente dedicam tempo à identificação de alvos do reino (Passo 2), à análise inicial de um determinado gênero (Passo 4) e à criação e à melhoria das obras de arte (Passo 5). Outras atividades podem focar somente a criação de obras. Em qualquer caso, a comunidade precisa ver as atividades de estímulo permeando todo o contexto do processo de cocriação.

Como organizar uma atividade de estímulo

A. Use os métodos locais de composição.

Cada comunidade, e especialmente cada indivíduo criativo, tem padrões próprios para criar arte. É importante usar estes padrões o máximo possível. Na época em que eu trabalhava com o povo Mono (República Democrática do Congo), alguém pediu para um indivíduo compor um novo exemplo no estilo *gbaguru*, baseado numa das parábolas de Jesus. O músico fez algumas perguntas, pensou um pouco, e começou a tocar um padrão repetitivo no *kundi*. Então ele disse que precisava ficar sozinho para compor a canção. Pode ser que outros compositores trabalhem em pares ou em grupo. Outros podem optar por usar lápis e papel. Alguns recebem inspiração através de sonhos ou visões. Alguns autores trabalham por pagamento e outros preferem improvisação espontânea. Há uma grande variedade de métodos que os compositores podem usar para a criação de obras novas. A atividade que você for preparar junto com a comunidade deverá incluir não só métodos conhecidos, como também métodos novos de criação.

Descreva como são criados novos exemplos do gênero escolhido

B. Considere com cuidado o(s) compositor(es) chave(s).

A palavra "compositor" é usada aqui para referir a qualquer indivíduo que cria obras de arte (pintores, tecelões, dramaturgos, etc.). Devemos incluir o compositor-chave em nossas atividades por causa de suas habilidades artísticas, perícia e influência sobre os outros. Procure pessoas que vão criar as melhores obras. O compositor-chave também deve ter uma boa influência social para ajudar a divulgar o projeto na comunidade.

Em algumas comunidades, muitas dessas pessoas qualificadas podem estar disponíveis. Em outros lugares, as opções podem ser limitadas. Em muitos casos a escolha de um gênero específico já vai determinar, automaticamente, o sexo do compositor e do ator. Procure pessoas locais que poderão ajudá-lo a fazer uma lista de compositores experientes.

Em certas culturas já existem profissionais que compõem canções para outras pessoas. Na África ocidental, especialmente em regiões influenciadas pelo islamismo, pode ser que haja a função local chamada griot (cantor de músicas de louvor). Um bom exemplo disso ocorreu na Nigéria, em Benin e em Gana: um griot muçulmano concordou em compor e gravar canções baseadas no texto bíblico.[11] Estude a cultura musical de sua região para ver se há uma prática já estabelecida de composição profissional. Autores profissionais deste tipo normalmente querem ser remunerados por seu trabalho. Esse tipo de compositores contratados também existe em algumas culturas da Ásia, inclusive no Nepal e nas Filipinas.

Se você estiver trabalhando numa comunidade cristã, pode ser difícil (e até mesmo impossível em alguns gêneros artísticos) achar um cristão que também seja um compositor experiente. Nesse caso, considere encomendar a obra de um compositor que não seja cristão. Para isso, faça as seguintes perguntas:

- O compositor tem interesse em fazer?
- Ele é respeitado pelos membros da comunidade?
- Se o nome dele for conhecido, esse fator vai ajudar ou impedir a aceitação da obra?
- O que é que os cristãos locais pensam da ideia?

Discuta com a comunidade o tipo de compositor que você gostaria de ter, identifique quem pode desempenhar esse papel, verifique a sua disponibilidade e considere a melhor maneira de se interagir com ele.

---

11 Klaus Wedekind, "The Praise Singers," *Bible Translator* 26, no. 2 (1975): 245–47.

Passo 5

C. Identifique oportunidades a serem aproveitadas e barreiras que precisam ser vencidas.

Você deve identificar na comunidade quais são as barreiras existentes e quais as oportunidades ligadas à criatividade no gênero. Veja alguns exemplos mais comuns:

Oportunidades

- Artistas talentosos dispostos e entusiasmados a usarem seus dons em novos contextos
- Interesse da parte do governo na promoção de formas artísticas locais
- Reconhecimento crescente do valor das artes locais e medo delas deixarem de existir na comunidade mais ampla
- Promotor de artes locais que seja respeitado e que conduza a inovação

Barreiras

- Atitudes negativas quanto ao uso da língua e formas artísticas locais em certas áreas
- Falta de conhecimento e habilidades associadas com um gênero artístico
- Indiferença a respeito de mudança na comunidade
- Pouco interesse pelas formas culturais devido à urbanização e à globalização

Depois de discutir estes exemplos com a comunidade, pergunte-lhes:

- Como poderíamos incentivar um desenvolvimento abundante de novas obras neste gênero? Como poderíamos aproveitar estas oportunidades ao elaborarmos uma atividade de estímulo?
- O que nos impediria de realizar este desenvolvimento? Como podemos vencer estas barreiras quando elaborarmos uma atividade de estímulo?

D. Organize uma atividade. Seguem abaixo várias atividades que podem ser usadas de acordo com a necessidade.

Há muitos tipos de atividades que podem despertar a criatividade.

Encomendar Novas Obras

Você pode pedir para um artista (ou grupo de artistas) criar um novo exemplo de certo gênero para um propósito predeterminado. Encomendar novas obras geralmente consiste nos seguintes passos:

a. Junto com a comunidade, identifique:
- O *evento* para o qual a obra será criada
- O(s) *propósito*(s) da obra criada (alfabetização, adoração na igreja, ou desenvolvimento comunitário).
- O *gênero* da criação (*haiku, olonkho,* ou musical da Broadway).
- O conteúdo
- Os compositores (criadores).

b. Depois
- Trabalhe junto com o(s) artista(s) no processo criativo. Inclua uma avaliação e revisão da(s) obra(s).
- Prepare o resto da comunidade e os organizadores do evento para uma apresentação pública.
- Explore outros meios de distribuição, incluindo gravações.
- Investigue como esta obra (e outras semelhantes) pode ser incluída nos vários aspectos da vida da comunidade.

Descubra que tipo de pagamento será apropriado para o artista, gênero e evento. Normalmente este pagamento (ou compensação) pode ser em forma de dinheiro, serviços, bens, capital social, ou boa vontade que resulta de amizade. É importante desenvolver um ambiente de respeito e confiança com o(s) artista(s).

Durante o processo de criar a composição, você deve considerar com cuidado quem está encomendando as obras. Quem vai definir o que é bom e o que precisa ser mudado? Quanta liberdade o artista vai ter para inovar? Antes de iniciar o processo criativo tanto o artista quanto aquele que encomenda a obra devem estar de acordo quanto à função de cada um.

Você também pode se oferecer para criar uma nova obra, mas isso só deve acontecer se você fizer em conjunto com a comunidade.

Oficinas

Oficinas são eventos curtos – basicamente de uma ou duas semanas – que reúnem um grupo de pessoas para trabalhar em conjunto para a realização de certa tarefa. Interações intensas como essas (entre várias pessoas em um curto período de tempo) costumam ser muito produtivas.

Pode ser muito útil ter uma organização para cuidar da logística da oficina. Outra coisa importante é determinar os alvos da oficina. Estes podem incluir a composição de canções para louvor na igreja ou a criação e gravação de obras de dramatização para serem transmitidas por rádio ou outra forma de mídia. Veja o Manual completo, Passo 4D, para exemplos de um esboço de oficina e o artigo *"Ideas for Arts Workshop Modules"* (Ideias para Módulos de Oficinas de Arte) Todd e Mary Beth Saurman, encontrados no DVD que acompanha a Coletânea de Etnodoxologia.[12]

---

[12] SAURMAN, Todd e Mary Beth - Ideas for Arts Workshop Modules [Documento Eletrônico]. Pasadena: William Carey Library, 2013 (DVD-Rom)

Exposições e Apresentações

Você pode ajudar a comunidade a planejar festivais ou concursos que destaquem a criatividade em gêneros artísticos locais. Os festivais são eventos projetados para a exposição da criatividade e da identidade cultural da comunidade. Grupos étnicos ou religiosos que costumam ter celebrações podem querer incluir novas obras artísticas produzidas por cristãos. Também pode ser possível iniciar um novo festival tradicional. Para celebrar seus dons artísticos dados por Deus, os cristãos podem incentivar as novas tradições. Oferecer prêmios para as melhores obras dão mais energia e entusiasmo a esses contextos. Os festivais são grandes oportunidades para cooperação entre diversos grupos cristãos, culturais, religiosos, ou outros dentro da comunidade.

Eventos de Exposição normalmente têm cinco etapas:

1. Ideias e Planejamento

Como isso vai acontecer? O grau de planejamento necessário vai depender do tamanho do evento. Certas comunidades fazem alvos e horários bem detalhados. Outras conseguem arranjar celebrações maravilhosas simplesmente por meio de dinâmicas organizadas socialmente. Deve-se contribuir com ideias, porém sem impor um sistema que não é natural deles.

2. Promoção e Comunicação

Como é que podemos garantir a participação dos artistas-chave e de um público bastante amplo? Os festivais às vezes incluem competições ou prêmios que ajudam a motivar os artistas. É importante estabelecer critérios claros de como os diversos tipos de artes serão premiados e como eles serão avaliados.

3. Composição e Ensaio

Os artistas terão tempo e recursos suficientes para criar e ensaiar?

4. Realização do Evento

No dia do evento, tente criar um senso de propósito comum, flexibilidade e alegria à medida que ele é realizado. Além disso, tente conseguir o maior número possível de pessoas para desempenhar uma função na realização do evento.

5. Avaliação e Planejamentos Futuros

Após o evento, deve-se dedicar um tempo para avaliação do mesmo com as pessoas chave. Verifique como o evento se relaciona com os sete passos do CCAL. Discuta a possibilidade de outros eventos semelhantes no futuro.

Mentoria

Às vezes por causa da sua idade, educação ou posição social, você poderá ter um relacionamento saudável e a longo prazo com um artista ou com um grupo de artistas. Esse tipo de relacionamento geralmente se desenvolve com muito tempo, como resultado de afinidade pessoal e de alvos comuns. O mentor pode ajudar a influenciar o crescimento profissional, espiritual e pessoal do indivíduo que ele aconselha. Um relacionamento de mentoria pode abrir portas para novas oportunidades, deixando espaço para cada um compartilhar histórias instrutivas de sua própria vida, dessa forma tanto o mentor quanto o discípulo aprendem. Quando se trata de um relacionamento transcultural, o discípulo vai ensinar várias habilidades novas ao seu mentor, dando-lhe também mais entendimento da cultura. Muitas vezes o relacionamento entre mentor e discípulo se aprofunda com o tempo e dá grande satisfação aos dois.

Aprendizado estruturado

Este tipo de aprendizado fornece uma estrutura coerente com as formas culturais existentes. No aprendizado, os artistas experientes podem transmitir suas habilidades e conhecimento para outros membros da comunidade. O aprendizado estruturado é útil quando existem especialistas de determinado gênero, quando o ensino das técnicas de determinado gênero está diminuindo e quando os membros da comunidade valorizam o gênero artístico.

A comunidade pode estabelecer um programa de aprendizado da seguinte maneira

1. Escolher o gênero a ser ensinado.
2. Escolher o professor do gênero.
3. Escolher os aprendizes.
4. Projetar um contexto de treinamento que
    a. Utilize as formas familiares de educação;
    b. Inclua o lugar, horário e frequência com os quais o professor e os aprendizes possam se comprometer;
    c. Envolva o conhecimento, habilidades e atitudes cruciais ao gênero; e
    d. Dure tempo suficiente para os aprendizes alcançarem um nível sustentável de competência.
5. Implementar o programa.
6. Durante o programa, averiguar como os participantes podem continuar a desenvolver suas habilidades e a apresentarem-se em vários contextos.

Publicações

O sucesso de qualquer atividade será mais duradouro se as descobertas e a produção artística forem gravadas em alguma forma de mídia. Artigos científicos, gravações e dados eletrônicos permitem que ideias e obras artísticas continuem a viver além do momento da sua execução. As publicações têm o poder de alcançar pessoas que estão além do lugar de apresentação. Revistas e websites tornam possível a divulgação de informação e inspiram discussões sobre uma grande variedade de assuntos. Produtos gravados em áudio e vídeo fornecem conteúdo para programas de treinamento e para diversão. As publicações se tornam depósitos de história e de biografias quando o povo começar a esquecer como era a vida nas gerações passadas.

Para planejar uma publicação considere os seguintes aspectos:

- Determinar qual o público que se deseja alcançar.
- Identificar editores, consultores e colaboradores.
- Solicitar, selecionar e preparar os materiais a serem publicados.
- Planejar meios para a distribuição da publicação.

Passo 5

- Determinar um calendário para publicações regulares.
- Realizar a publicação e a distribuição do periódico.
- Desenvolver meios para receber sugestões (comentários eletrônicos, cartas ao editor, pesquisas, etc.) para verificar a eficácia da publicação e planejar um desenvolvimento futuro.

Associações de artistas

Os artistas muitas vezes formam associações, grupos e comunidades para encorajamento mútuo, para avaliação de suas obras, para compartilhar recursos e ideias e para se apresentar e colaborar na criação de produtos. As associações de artistas se reúnem frequentemente em lugares e horários fixos. Os associados têm expectativas, ainda que modestas, uns dos outros e possivelmente enfocam uma forma artística e um propósito em particular.

Cada grupo ou associação será diferente, por isso você deve considerar as seguintes ideias antes de iniciar ou modificar um grupo:

- Determine um lugar e horário que acomode os sócios e que permita a apresentação das suas atividades artísticas.
- Discuta os alvos do grupo e as expectativas dos sócios. Os objetivos podem variar entre características flexíveis e informais e outras mais explícitas e restritas, dependendo dos desejos do grupo.
- Se o grupo fizer parte de uma igreja ou se ele quiser criar obras de arte para comunidades cristãs, você deve integrar atividades que estimulem o crescimento espiritual em suas reuniões. Os artistas refletem o próprio Deus em sua criatividade (com a diferença que Deus cria do nada). Às vezes, porém, eles podem querer usar erroneamente seu dom artístico. Oração, estudo bíblico, prestação de contas e outras disciplinas espirituais servem como uma âncora para firmar os artistas e suas criatividades.

Dentro destas atividades de estímulo, escolha junto com o grupo, uma que daria melhores resultados na aplicação do método CCAL.

Descrever a atividade que você vai usar

Usando o quadro abaixo como guia, descreva cada elemento da atividade de estímulo que a comunidade escolheu.

> **TÓPICOS PARA ESCREVER AO ELABORAR UMA ATIVIDADE DE ESTÍMULO**
>
> **Título e Resumo:** escreva um breve resumo da atividade e seus propósitos principais. Inclua o título da atividade: encomendar novas obras, oficina, apresentação, mentoria, aprendizado, publicação, associação de artistas ou outro. Faça o possível para escrever este resumo em um parágrafo.
>
> **Participantes:** defina todas as categorias de pessoas que precisam ser envolvidas para a atividade funcionar. Esta lista pode incluir criadores e pessoas chave de vários tipos. Quando possível, identifique indivíduos pelos nomes.
>
> **Informação obtida do Perfil das Artes da Comunidade:** selecione no PAC o que o pesquisador precisa saber sobre a comunidade (ou sobre o gênero) para que a atividade tenha êxito. Escolha uma informação do PAC que ainda precisa ser pesquisada. Grande parte disso envolve as atividades de pesquisa do Passo 4 que talvez você ainda não tenha feito
>
> **Recursos:** identifique os recursos financeiros, técnicos, logísticos, formais e outros necessários para a realização da atividade.
>
> **Tarefas:** faça uma lista das coisas que precisam ser feitas para a atividade acontecer. Os detalhes dados nesta lista podem ser muitos ou poucos, dependendo do contexto.
>
> **Análise geral da atividade:** Fazer três listas.
> - Passos do CCAL incluídos na atividade.
> - Passos do CCAL realizados fora da atividade (como por exemplo, a análise de um evento no Passo 4), feitos anteriormente por outra pessoa.
> - Planos para tratar quaisquer passos que estejam faltando.

Figura 12. Tópicos Para Escrever Ao Elaborar Uma Atividade De Estímulo

PASSO 6

APERFEIÇOAR OS RESULTADOS

"Nenhuma palavra torpe saia da boca de vocês, mas apenas a que for útil para edificar os outros, conforme a necessidade, para que conceda graça aos que a ouvem". (Efésios 4.29).

Deve-se avaliar novas obras conforme os critérios definidos junto com a comunidade. É importante lembrar que o alvo da avaliação é melhorar e não denegrir; é edificar e não arruinar uma obra de arte. Perceba também que a comunidade pode reduzir consideravelmente as críticas se ela incluir as pessoas certas desde o início do processo cocriativo. Algumas pessoas que devem ser incluídas no processo são: líderes sociais e religiosos, criadores e artistas especializados.

Como você pode definir se uma obra artística é boa ou ruim? A avaliação é um processo bastante complexo, mas existem algumas ferramentas úteis que podem lhe ajudar.

Confie no sistema local

Normalmente as comunidades compartilham um senso comum que define se uma obra de arte é boa ou não. Elas compartilham também um método próprio para identificar o que precisa ser melhorado. Faça a pesquisa descrita em "Estética e Avaliação" (Passo 4) para descobrir como a comunidade faz suas próprias avaliações. Em certos casos ela vai simplesmente abandonar aquelas peças ruins impedindo de serem apresentadas no futuro.

Avalie conforme os efeitos produzidos

No Passo 3 foram identificados os efeitos que a comunidade deseja que novas obras artísticas produzam. Estas obras devem levar os membros da comunidade a se aproximarem cada vez mais dos alvos do reino. Para saber se a nova obra resultou no efeito desejado, observe, pergunte e converse sobre a maneira como os espectadores reagiram a ela. Por exemplo, pode ser que um orador queira motivar seus ouvintes a participarem de um desfile celebrando a sua identidade étnica. Contudo, se os participantes ouvem o orador distraídos e depois vão para casa sem fazer muito caso do que ele disse, o seu discurso falhou.

Fique calmo, mas continue a aprender

Não é possível estudar tudo, portanto, faça o seguinte:

- Observe as reações das pessoas.
- Ouça com atenção o que elas dizem.
- Faça regularmente atividades de pesquisa relacionadas aos gêneros com os quais você está trabalhando (ver Passo 4). Talvez você possa fazer uma atividade por semana ou por mês.
- Identifique que tipos de avaliações existem e quando elas devem acontecer.

Identifique que tipos de avaliações existem e quando elas devem acontecer

A Avaliação pode ocorrer já durante o estágio inicial de criação da obra. Também pode ser realizada depois que o artista apresentar a sua obra.

 Faça as atividades apresentadas no quadro "Proposta para uma Avaliação Eficaz". Provavelmente você verá a necessidade de incluir uma avaliação em várias das etapas do processo de Criação Conjunta de Artes Locais.

PROPOSTA PARA UMA AVALIAÇÃO EFICAZ

Identifique e coopere com as **estruturas sociais locais,** e junto com essas pessoas definam os critérios que serão usados para avaliar obras existentes e obras novas. Antes de reunir as pessoas, identifique os seguintes aspectos do evento artístico:

Elementos: como a obra utiliza o espaço, os materiais, os participantes, como é a forma através do tempo, quais são as características de apresentação, sensações, conteúdo, temas e valores comunitários.

Propósitos: pode ser educar, motivar a ação, etc.

Pessoas: quem será incluído no processo de avaliação. Elas devem ter o conhecimento, as habilidades e o respeito necessários para analisar vários elementos. Seria interessante incluir também pessoas de faixas etárias variadas e de diferentes grupos sociais.

Objetos: servem como focos de análise ou pontos de referência para discussão. Assim você evita depender somente da memória para fazer sua análise. Estes objetos podem ser textos de canções e dramas, notação musical, máscaras, movimentos de dança e gravações em áudio e vídeo.

Reúna-se com as pessoas identificadas e mostre-lhes a obra de arte. Depois siga os seguintes passos:

1. Juntos, confirmem quais os aspectos da obra que estão bons.
2. Discutam sobre os significados que as pessoas perceberam, avaliem a naturalidade da obra como representante do seu gênero; verifiquem se ela representa bem a comunidade e, por fim, pergunte se o grupo acha que ela alcançará os alvos identificados.
3. Encorajar os artistas criadores a fazerem obras ainda melhores baseados nesta avaliação.

Figura 13. Proposta Para Uma Avaliação Eficaz

PASSO 7

CELEBRAR E INTEGRAR PARA A CONTINUIDADE

A criação de novas obras de arte para o reino de Deus não é algo que deve ocorrer apenas uma vez: desejamos que isso continue a acontecer muitas e muitas vezes. Portanto, é necessário planejar para o futuro. Para começar, é bom refletir com a comunidade como eles poderão ensinar uns aos outros as novas canções, danças ou técnicas de esculpir. Se possível, os planos deles devem incluir estes meios de transmissão. Para que continuem a criar, os membros da comunidade devem promover frequentemente atividades de estímulo como preparar oficinas ou encomendar novas obras. Associações comunitárias já existentes, como grupos de dança ou turmas de alfabetização, também podem ser uma motivação para continuar a criar. Mais uma possibilidade é formação de outros grupos que se reúnam regularmente para ajudar os membros da comunidade a criarem para os propósitos do reino.

Se você tiver seguido todo o processo CCAL, não há muito mais a dizer sobre Integração e Celebração. Isso porque a maneira mais importante para que algo bom continue acontecendo é começar da forma certa. Este processo estimula você a desenvolver relacionamentos, encorajar os outros a criarem, conhecer e valorizar artistas locais, planejar, incluir todos os artistas importantes e aqueles que tomam decisões nas atividades de estímulo e ajudar a melhorar a criação e apresentação de produtos artísticos.

Incluímos algumas recomendações que podem ajudar você e sua comunidade a continuarem pensando em como dar continuidade a estas coisas. É possível que, enquanto reflete nessas diretrizes você perceba certa incoerência entre elas. Fique tranquilo! Enquanto a comunidade estiver atenta à voz de Deus e crescendo em sabedoria, ela estará bem.

Estimule a Comunidade a Ter o Hábito De Criar Intencionalmente

Refaça o ciclo de cocriação deste manual (Passos 1–7). Quanto mais a comunidade fizer isso, mais este processo se tornará familiar e passará a fluir naturalmente e eficientemente pelas vidas dos seus membros.

Estimule a Continuidade das Artes que Contribuam de Forma mais Significativa para o Reino dos Céus

A globalização, a urbanização, atividades missionárias, guerras e outros fatores frequentemente (mas não sempre) contribuem para uma desvalorização e diminuição de interesse nas formas artísticas de comunidades minoritárias. Apocalipse capítulo 21 sugere que elementos de todas as culturas continuarão a existir no Céu. Quando, para ensinar a verdade, nós cantamos, dançamos, fazemos teatro, pintamos, pregamos e ensinamos, tudo da mesma forma, nós empobrecemos a igreja global na terra e no céu (pelo menos a princípio). Portanto, não presuma que todas as tendências globais são necessariamente parte dos planos de Deus. Toda diversidade criada por Deus e que nós podemos usufruir nos ajudam a conhecê-lo melhor.

Estimule Continuidade das Artes que são mais Frágeis

Devemos dar atenção especial aos artistas e às formas artísticas que estão marginalizados no mundo. A imagem de Deus também está ali.

Estimule Continuidade das Artes que têm a maior probabilidade de florescer

Desejamos que as novas obras de arte façam uma diferença positiva na comunidade. Portanto, inovações que podem ajudar a divulga-las rapidamente podem ser veículos importantes de comunicação

Continue a orar e a participar no cumprimento da oração de Jesus:

Jesus nos ensinou a orar e agir conforme estas palavras: "Pai nosso, que estás nos céus! Santificado seja o teu nome. Venha o teu Reino; seja feita a tua vontade, assim na terra como no céu". (Mateus 6:9-10). A sua comunidade pode continuar a criar de tal modo que o céu e a terra se conectem de um jeito que vai muito além da sua imaginação!

ANEXO 1

RESUMO DAS DECISÕES

Este roteiro vai ajudar você a descrever resumidamente as decisões que a comunidade tomou nos Passos 1, 2 e 3.

A _____ vai preparar um
  NOME DA COMUNIDADE

_____ que será executado no
  NOME DO GÊNERO

_____ falando sobre
  NOME DO EVENTO

_____ para produzir
  O CONTEÚDO

_____ que ajudarão
  DESCRIÇÃO DOS EFEITOS

_____ aproximar-se mais do
  NOME DA COMUNIDADE

_____ .
  ALVO DO REINO DE DEUS

ANEXO 2

CRIAÇÃO CONJUNTA DE ARTES LOCAIS (CCAL): RESUMO

Anexo 2

Conhecer a Comunidade e as suas Artes. Investigar os recursos artísticos e sociais que existem na comunidade.

Escolher os Alvos do Reino. Identificar os alvos do reino que a comunidade quer alcançar.

Conectar os Gêneros com os Alvos. Escolher um gênero artístico que possa ajudar a comunidade a alcançar os alvos do Reino. Escolher atividades que possam resultar em uma criatividade significativa naquele gênero.

Analisar Gêneros e Eventos. Descrever o evento como um todo. Descrever as formas artísticas em termos das artes que representam. Relacionar a forma artística com o seu contexto cultural mais amplo. Conhecer detalhadamente as formas artísticas é crucial para despertar (inspirar) a criatividade, para aperfeiçoar as obras já produzidas e para integrá-las na comunidade.

Despertar a Criatividade. Implementar as atividades que a comunidade escolheu para inspirar a criatividade dentro do gênero artístico selecionado.

Aperfeiçoar os Resultados. Avaliar os resultados das atividades feitas no passo anterior com o objetivo de melhorá-las.

Celebrar e Integrar para Continuidade. Planejar e programar maneiras para que esta nova forma de criatividade continue no futuro. Identificar outros contextos onde as antigas e novas artes podem ser apresentadas.

ANEXO 3

Perfil de Artes da Comunidade (PAC)

Nós criamos um arquivo com espaço suficiente para descrição e coleta dos dados levantados através das atividades elaboradas por você e pela sua comunidade: https://www.worldofworship.org/ethnodoxology-manual/

Basicamente, ele volta a apresentar as seções do manual para que você saiba onde incluir os resultados das atividades que realizou. Você deve substituir as palavras em caixa alta pelas palavras apropriadas ao seu contexto. Por exemplo, NOME DA COMUNIDADE deverá ser substituído pelo nome da comunidade com a qual você está trabalhando, como Sakha, o clã Bach, ou l'Eglise Catholique de Tchinga. Fique à vontade para modificar a estrutura, categorias e o conteúdo do seu PAC conforme você achar melhor. A seguir apresentamos um exemplo de formulário de conteúdo do PAC em branco.

<NOME DA COMUNIDADE>

Nome do pesquisador das artes:

Data do trabalho descrito neste documento:

RESUMO DE PLANOS, ATIVIDADES E RESULTADOS

- Ciclos completos do método Criação Conjunta de Artes Locais
- Lista de gêneros e eventos pesquisados

CICLO DE CRIAÇÃO CONJUNTA DE ARTES LOCAIS: <NÚMERO> PARA O <ALVO DO REINO>.

Passo 1: Conheça a Comunidade e suas artes
- Dê uma olhada inicial na comunidade.
- Dê uma olhada inicial nas artes da comunidade.
- Dê uma olhada inicial nos alvos da comunidade.
- Comece a explorar a vida social e conceitos básicos da comunidade.
- Faça um resumo dos resultados e desafios deste passo.

Passo 2: Escolher alvos do Reino
- Auxilie a comunidade a descobrir seus alvos do Reino.
- Descreva um ou dois alvos para focar agora.
- Escreva um resumo dos resultados e desafios deste passo.

Passo 3: Conectar os Gêneros com os Alvos
- Descreva o processo para identificação dos efeitos, conteúdos, gêneros e eventos.
- Faça uma lista dos efeitos, conteúdos, gêneros e eventos selecionados.
- Escreva um resumo dos resultados e desafios deste passo.

Passo 4: Analisar Gêneros e Eventos
- Decida que tipo de pesquisa você vai desenvolver.
- Faça sua pesquisa incluindo os dados coletados em "Descrição de Gêneros Artísticos"
- Escreva um resumo dos resultados e desafios deste passo.

Passo 5: Despertar a Criatividade
- Descreva os métodos locais de composição.
- Identifique as oportunidades para explorar e barreiras para vencer.
- Decida a respeito do tipo de atividade que você vai usar.
- Planeje uma nova atividade ou modifique uma atividade existente que ajude a comunidade a alcançar seus alvos.
- Execute a atividade.
- Escreva um resumo dos resultados e desafios deste passo

Passo 6: Aperfeiçoar os Resultados
- Escolha e modifique (se for o caso) uma forma de avaliação local.
- Utilize os modelos locais de avaliação para avaliar e melhorar a obra de arte produzida.
- Escreva um resumo dos resultados e desafios deste passo.

Passo 7: Celebrar e Integrar para a Continuidade
- Escolha o que você deve integrar e celebrar.
- Elabore um plano de ação para manter as coisas funcionando.
- Escreva um resumo dos resultados e desafios deste passo.

DESCRIÇÃO DOS GÊNERO ARTÍSTICO: <NOME DO GÊNERO>

A. Análise do Evento: <NOME DO EVENTO>
- Breve descrição.
- Olhar inicial no evento.
- Olhando o evento com as Lentes da Performance

B. Aspectos Artísticos de um Evento
- Música
- Drama
- Dança
- Artes orais e verbais
- Artes visuais
- Relação entre os elementos formais do evento

C. O Evento em seu Contexto Cultural Mais Amplo
- Artistas
- Criatividade
- Língua
- Transmissão e mudança
- Dinamismo cultural
- Identidade e poder
- Estética
- Tempo
- Emoções
- Assunto
- Valores comunitários demonstrados
- Investimento comunitário

D. Explore como a comunidade cristã se relaciona artisticamente com o contexto cultural mais amplo: <NOME DA IGREJA>
- Descubra as Artes da Igreja
- Compare como a comunidade cristã usa a arte e como a comunidade ao redor usa a arte.
- Avalie como as artes ajudam a Comunidade Cristã a cumprir seus propósitos.
- Aplique as ferramentas disponíveis no manual Criação Conjunta de Artes Locais.
- Avalie os cultos de adoração usando princípios bíblicos.
- Avalie as artes de uma comunidade cristã multicultural.
- Interprete corretamente as Escrituras.